走向成功——大学生就业指导

主　编　孙晓杰　韩晓昌　白　冰
副主编　焦俊榕　姜宏斌　王　鑫　刘志娟

科学出版社

北　京

内 容 简 介

本书结合当前就业形势，对在校大学生进行全面系统的就业指导。本书共 8 个项目、22 个任务，每个项目设有目标与任务、案例故事、拓展阅读、实践作业等模块，每个任务设有课堂互动、学习反馈等模块。本书结合高校就业创业教育教学实际，模块化地介绍就业形势与政策、就业信息准备、就业材料撰写、笔试与面试、择业心理、职业素养、就业权益、职场适应等理论知识与实践技能。全书构思新颖、立意现实、形式活泼，针对性、可读性强。

本书既可作为高等职业院校公共基础课教材，也可作为大学德育工作者、就业指导教师和即将步入大学的学生及其家长的参考书。

图书在版编目（CIP）数据

走向成功：大学生就业指导/孙晓杰，韩晓昌，白冰主编. —北京：科学出版社，2023.2

ISBN 978-7-03-074352-7

Ⅰ. ①走… Ⅱ. ①孙…②韩…③白… Ⅲ. ①大学生-职业选择 Ⅳ. ①G647.38

中国版本图书馆 CIP 数据核字（2022）第 241478 号

责任编辑：周春梅 徐仕达/责任校对：赵丽杰
责任印制：吕春珉/封面设计：东方人华平面设计部

斜学出版社 出版
北京东黄城根北街 16 号
邮政编码：100717
http://www.sciencep.com
三河市骏杰印刷有限公司印刷
科学出版社发行 各地新华书店经销
*
2023 年 2 月第 一 版 开本：787×1092 1/16
2024 年 2 月第四次印刷 印张：12 1/2
字数：296 000
定价：45.00 元
（如有印装质量问题，我社负责调换〈骏杰〉）
销售部电话 010-62136230 编辑部电话 010-62135397-2040

本书编委会

主　编　孙晓杰　韩晓昌　白　冰

副主编　焦俊榕　姜宏斌　王　鑫　刘志娟

编　委　于　昕　董　雪　张巍文　窦守强　姜　姗

前　言

　　《中华人民共和国国民经济和社会发展第十四个五年规划和 2035 年远景目标纲要》指出："健全有利于更充分更高质量就业的促进机制，扩大就业容量，提升就业质量，缓解结构性就业矛盾。"因此，当下及未来一段时间，解决我国高校毕业生就业工作的核心任务是实现更充分更高质量的就业。

　　大学生就业指导和生涯规划教育早已纳入国家教育发展战略，已成业内共识。《国家中长期教育改革和发展规划纲要（2010—2020 年）》《大学生职业发展与就业指导课程教学要求》等文件均对此有明确要求。我国已将大学生职业发展与就业指导列为必修课，将就业创业教育纳入人才培养计划。此类课程的开发和教学实践活动方兴未艾，日益向着精细化、校本化方向发展。

　　"就业是最大的民生。"促进高校毕业生就业，既是民生，也是国计，事关广大群众的切身利益，事关高等教育健康发展，事关社会和谐稳定，事关社会主义现代化建设。当前，高等职业教育已重新定位，是高等教育的一个重要类型而非低层次，是支撑区域经济发展、以服务产业结构升级和就业为直接导向的教育。高等职业教育，一方面通过调整人才培养方案，优化技术技能型人才的供给；另一方面通过加强指导学生自我认知、科学规划、合理就业，满足毕业生的可持续发展，解决高职大学生就业率和就业质量问题。

　　本书内容契合教育部文件要求，按照"精简概括、突出重点、贴近实际、特色鲜明"的方针，结合院校的学科特点、学生的思维习惯，吸收当前职业生涯教育的新观点、新理论、新方法，系统阐述了职业生涯规划、就业指导等方面的知识。本书共 8 个项目、22 个任务，每个项目设有目标与任务、案例故事、拓展阅读、实践作业等模块，每个任务设有课堂互动、学习反馈等模块。全书由浅入深，给出了详尽、具体的操作方法，从点及面，力求让学生对职业生涯规划与就业准备有一个全面的了解和掌握，并能应用相关知识对自己的职业生涯和就业进行科学的规划。

　　本书由孙晓杰、韩晓昌、白冰担任主编，由焦俊榕、姜宏斌、王鑫、刘志娟担任副主编，由孙晓杰、韩晓昌、白冰负责统稿与审稿，具体分工如下：项目一由孙晓杰负责编写，项目二由韩晓昌负责编写，项目三由白冰负责编写，项目四由孙晓杰、韩晓昌、白冰负责编写，项目五与项目六由焦俊榕、姜宏斌、王鑫、刘志娟负责编写，项目七与项目八由于昕、董雪、张巍文、窦守强、姜姗负责编写。

编者在编写过程中，借鉴和参考了部分国内外职业发展指导方面的文献资料，以及一些专家学者的理论和观点，在此一并表示感谢！

由于时间和编者水平有限，书中难免存在不妥之处，真诚欢迎广大读者提出宝贵建议和意见，以便更好地修订和完善。

目　录

项目一　就业形势与政策 ……………………………………………………… 1

任务一　了解就业形势 …………………………………………………… 2

一、全球就业趋势 ……………………………………………………… 2

二、我国总体就业形势 ………………………………………………… 3

三、当前大学生的就业形势 …………………………………………… 5

四、大学生就业市场 …………………………………………………… 6

五、大学生就业难的因素 ……………………………………………… 8

六、大学生就业难的应对措施 ………………………………………… 9

任务二　掌握就业政策 …………………………………………………… 12

一、面向基层的毕业生就业政策 ……………………………………… 12

二、特殊毕业生群体的就业政策 ……………………………………… 15

三、鼓励高校毕业生应征入伍服兵役政策 …………………………… 17

四、大学生自主创业的优惠政策 ……………………………………… 18

项目二　就业信息准备 ……………………………………………………… 26

任务一　了解就业信息 …………………………………………………… 27

一、就业信息的含义和内容 …………………………………………… 27

二、就业信息的特点 …………………………………………………… 28

三、就业信息的分类 …………………………………………………… 29

四、就业信息服务 ……………………………………………………… 29

任务二　搜集就业信息 …………………………………………………… 32

一、搜集就业信息的方法 ……………………………………………… 32

二、搜集就业信息的主要渠道 ………………………………………… 32

三、搜集就业信息的原则 ……………………………………………… 33

任务三　使用就业信息 …………………………………………………… 36

一、就业信息的可靠性分析 …………………………………………… 36

二、就业信息的筛选 …………………………………………………… 36

三、就业信息的深度研究 ……………………………………………… 37

四、就业信息的及时运用 ···················· 37

五、就业信息的使用原则 ···················· 38

六、建立职业信息库 ························· 39

七、防范虚假招聘信息 ····················· 40

项目三　就业材料撰写 ························· 46

　　任务一　认识简历 ························· 47

一、简历的内容 ··························· 47

二、简历的类型 ··························· 51

　　任务二　制作与投递简历 ···················· 54

一、简历写作原则 ························· 54

二、简历写作技巧 ························· 57

三、简历制作注意事项 ····················· 58

四、现场投递 ···························· 61

五、网络投递 ···························· 61

　　任务三　创新简历 ························· 65

一、简历创新技巧 ························· 65

二、简历制作的细节 ······················· 66

三、简历中劣势的弥补 ····················· 68

项目四　面试与笔试 ························· 74

　　任务一　了解面试类型 ······················ 75

一、电话面试 ···························· 75

二、视频面试 ···························· 78

三、结构化面试 ··························· 79

四、无领导小组面试 ······················· 80

五、情景模拟面试 ························· 83

六、压力面试 ···························· 86

　　任务二　熟悉面试礼仪 ······················ 88

一、面试现场的礼仪 ······················· 88

二、面试中的仪态礼仪 ····················· 90

三、面试其他方面的礼仪 ···················· 92

　　任务三　掌握面试与笔试技巧 ················· 95

一、面试技巧 ···························· 95

二、笔试技巧 ···························· 99

项目五　择业心理 ·· 107

　　任务一　重视择业心理问题 ··· 108

　　　　一、大学生在择业过程中常见的心理问题 ························· 108

　　　　二、心理问题产生的原因 ·· 110

　　　　三、正确认识与悦纳自我 ·· 112

　　任务二　调适择业心理 ·· 115

　　　　一、调整就业期望 ··· 115

　　　　二、常用的自我调适方法 ·· 116

　　　　三、应对择业挫折的方法 ·· 119

项目六　职业素养 ·· 125

　　任务一　有效管理时间 ·· 126

　　　　一、时间管理的概念 ··· 126

　　　　二、时间管理的方法 ··· 127

　　　　三、大学生时间管理能力的培养 ······································ 128

　　　　四、时间管理的误区 ··· 130

　　任务二　建立良好的人际关系 ·· 132

　　　　一、人际关系的重要性 ·· 132

　　　　二、人际交往的原则 ··· 132

　　　　三、人际关系管理的方法 ·· 134

　　任务三　建立正向沟通模式 ··· 137

　　　　一、高效沟通 ··· 137

　　　　二、培养沟通能力 ··· 140

　　任务四　培养团队合作能力 ··· 144

　　　　一、团队合作的功能 ··· 144

　　　　二、培养团队精神 ··· 145

　　　　三、团队合作的技巧 ··· 146

项目七　就业权益 ·· 151

　　任务一　了解毕业生的就业权益 ·· 152

　　　　一、一般权利 ··· 152

　　　　二、择业过程中享有的权利 ··· 153

　　　　三、就业过程中享有的权利 ··· 155

　　　　四、新业态权益维护 ··· 155

　　任务二　了解就业协议书 ··· 158

一、就业协议书的内容 ……………………………………………… 158

二、就业协议书签订的原则 ………………………………………… 159

三、就业协议书签订的流程 ………………………………………… 159

四、无效协议 ………………………………………………………… 160

五、就业协议书的解除 ……………………………………………… 160

六、就业协议书的违约责任 ………………………………………… 160

任务三 了解劳动合同 ……………………………………………… 162

一、劳动合同应具备的条款 ………………………………………… 162

二、劳动合同的效力 ………………………………………………… 163

三、劳动合同的履行、变更、解除与终止 ………………………… 165

四、就业协议书与劳动合同的区别 ………………………………… 166

五、有关就业权益保护的法律法规 ………………………………… 167

项目八 职场适应 …………………………………………………… 176

任务一 适应从学生角色到职业角色的转变 ……………………… 177

一、学生角色与职业角色概述 ……………………………………… 177

二、角色转化的对策 ………………………………………………… 178

三、职业发展的策略 ………………………………………………… 180

任务二 适应职场生活 ……………………………………………… 182

一、适应职场生活的内容 …………………………………………… 182

二、适应职场生活的方法 …………………………………………… 183

参考文献 ……………………………………………………………… 188

项目一 就业形势与政策

目标与任务

➤ 了解全球大学生就业趋势和我国总体就业形势。

➤ 了解当前大学生的就业形势。

➤ 熟悉大学生就业难的因素和应对措施。

➤ 掌握面向基层的毕业生就业政策。

➤ 掌握特殊毕业生群体的就业政策。

➤ 掌握鼓励高校毕业生应征入伍服兵役政策。

➤ 掌握大学生自主创业的优惠政策。

积极响应国家号召应征入伍

2013年9月，某大学美术学院的周某在新生入学教育结束后，便向党组织递交了入党申请书，表明自己的理想和愿望，志愿加入中国共产党，为共产主义事业奋斗终身，并于2015年11月正式成为预备党员。

周某在校期间表现优秀，大一、大二担任班级学习委员，大三担任班级宣传委员，还担任寝室长。平时，她积极参加学校举办的各项文体活动、志愿者服务活动。

大三那年夏天，辅导员冯老师的一堂征兵宣传课，让周某对军队充满了向往，周某决定申请入伍。2016年9月，周某通过严格的审核，成了一名女新兵。

踏入新兵营的第一天，周某便被安排在排头班。3个月的新兵营生活，每天训练都非常严格，周某与战友们咬牙坚持。新兵训练结束后，周某进行了4个月的业务学习，成为一名合格的话务员。

2017年12月某日，美术学院王书记与辅导员冯老师带着校方批准的"美术学院关于周某在服役期间完成学业"的申请到达其所在部队，第二天上午探望周某，并与其单位领导进行沟通。通过沟通达成共识，部队允许周某在服役期间通过远程视频函授、自习等方式完成大四学业，并允许其请假一次返校完成毕业答辩及办理毕业事宜。

顺利毕业的周某向组织递交了留队申请并成为一名通信战士。青春在于奋斗，理想在于拼搏，周某为自己能踏上军旅生涯，成为一名通信战士感到无比骄傲和自豪。她希望像雷锋同志那样，把有限的生命投入到无限的为人民服务中去，视驻地为故乡，视群众如父母，一如既往，再创佳绩，把全部精力奉献给部队。

分析：大学生应积极转变就业观念，提高综合能力，了解就业形势，并结合自身实际，顺应国家就业政策就业、创业、成才，正确地实现自己的人生价值和社会价值。

任务一　了解就业形势

一、全球就业趋势

随着经济发展和就业形势的不断变化，社会对就业问题的关注度不断提升。从自由放任到宏观政策调控，再到积极的劳动力市场政策、完善的现代就业服务体系和法治化建设，世界各国政府对就业问题的认识不断深化，并在促进就业的过程中扮演着越来越重要的角色。

（一）就业模式日趋多样化

在传统的工业社会中，工厂式的集中就业是典型的就业模式。随着服务业成为经济活动的主体和现代信息通信技术的发展，灵活就业形式的比重在不断上升，就业模式日趋多样化，出现了短期就业、季节性就业、非全日制就业、家庭就业、自营就业、派遣就业，以及兼职就业、远程就业等多种就业形式。

对于国家来说，在灵活就业比重不断上升、就业形势日趋多样化的前提下，如何在继续扩大就业规模的同时，不断改善劳动条件，加强社会保障，已成为关键问题。

（二）就业稳定性下降

20 世纪 90 年代以来，以信息技术为代表的产业革命和日益加剧的全球企业竞争，对就业，特别是职业岗位的寿命产生了巨大的影响，支持岗位的创造速度和相应岗位的消失速度都在加快，就业稳定性下降。

二、我国总体就业形势

就业是民生之本，在当前我国经济"增速换挡""结构优化""动力转换"的大背景下，高校毕业生是就业群体最重要的新生力量，其就业问题与国家经济建设和社会发展息息相关，从而深受社会关注。我国总体就业形势的基本特征如下。

（一）总体就业形势延续稳定向好

随着我国经济持续增长，减负、稳岗、扩大就业政策延续实施，全方位就业服务持续发力，就业形势保持总体稳定，好于预期。具体措施包括：抓好延续实施的减负、稳岗、扩大就业等政策落实，切实减轻企业负担，稳定和扩大就业岗位；加强创业孵化示范基地、返乡创业园等载体建设，鼓励引导各类群体投身创业、带动就业；完善灵活就业人员就业服务制度，支持和规范发展新就业形态。此外，还将全面实施未就业毕业生实名服务，对困难毕业生、长期失业青年开展"一对一"帮扶；拓宽农村劳动力外出务工和就近就业增收渠道，推进劳务品牌建设，稳定脱贫人口务工规模；加强对困难群体的就业援助，确保零就业家庭动态清零。推进金秋招聘月等服务活动，促进市场供需匹配。

（二）服务业吸纳就业能力不断增强

改革开放前，工业、农业是我国吸纳就业的主体，1953—1978 年服务业就业人员年均增速虽然达到 3.7%，但所占比重相对较小，1978 年服务业就业人员占比仅为 12.2%，比第一产业、第二产业分别低 58.3 个百分点和 5.1 个百分点。改革开放后，在城镇化建设带动下，大量农业转移人口和新增劳动力进入服务业，服务业就业人员连年增长。1979—2018 年，服务业就业人员年均增速 5.1%，高出第二产业 2.3 个百分点。党的十八大以后，服务业继续保持较快的增长速度，平均每年增加就业人员 1000 多万人。2018年底，服务业就业人员达到 34911 万人，所占比例达到 46.1%，成为我国吸纳就业最多的产业。2019 年底，服务业就业人员达到 35561 万人，所占比例达到 47.1%。2020 年底，服务业就业人员达到 35806 万人，所占比例达到 47.7%。2021 年，服务业就业人员35868 万人，占全国就业人员总数的 48.0%，比 2012 年提高 11.9 个百分点。

（三）支持"新个体"，让就业创业创新的源泉充分涌流

创业创新带来新业态和新动能的成长发展，对促进就业起到积极作用。个体经济主要是指在劳动者个人占有生产资料的基础上，从事个体劳动和个体经营的私有制经济。新个体经济，"新"在"互联网+"、数字经济、大数据，"新"在新技术、新产业、新业态、新模式。进入新时代，我国数字经济加速发展，助推经济发展质量变革、效率变革、动力变革。特别在近几年，数字经济发挥了不可替代的积极作用，成为推动我国经济社会发展的新引擎。其中，一大批从事电商、直播等新业态、新模式的"新个体"加快成长，打开了新的就业、创业、创新、创造的广阔空间。

支持"新个体"，就是支持就业、创业、创新、创造。可以看到，"新个体"的新发明创造，无论是从无到有的创新，还是从有到优的升级，都有力助推了数字经济发展，拓宽了消费市场的新空间，创造了经济发展的新机遇。"新个体"是电商、直播等新业态发展的重要力量，但其也有"成长的烦恼"。例如，从事电商算不算就业？如何解决资金缺口？这就需要打破惯性思维，创新治理理念，制定出更多能感知、有温度的新政策，解决"新个体"实际问题，激发新个体经济发展活力。

支持"新个体"，就要营造鼓励新个体经济发展的政策氛围，让就业、创业、创新、创造源泉充分涌流。政策是发展的风向标和重要保障，有什么样的政策就可能带来什么样的发展。我国多部门发文支持微商电商、网络直播等多样化的自主就业，进一步降低个体经营者线上创业、就业成本，鼓励商业银行推广线上线下融合的信贷服务，合理降低个体工商户的融资成本。抓住"新个体"成长痛点，必将吸引更多个体经营者线上经营创业。在鼓励创新创造的当下，支持"新个体"的鼓励政策会越来越多，支持"新个体"的鼓励政策也一定能很快落地见效，从而让一切劳动、知识、技术的活力竞相迸发，让一切创造社会财富的源泉充分涌流。

（四）高技能人才短缺的结构性矛盾突出

当前，我国就业市场劳动力总体呈现供不应求的状态。一方面，我国产业结构向服务业转型，新经济业态的不断出现增加了就业机会和岗位；另一方面，近几年适龄劳动人口持续减少，缓解了就业市场上的供应过剩矛盾。然而，我国技能人才，特别是高技能人才短缺的问题十分突出。技术革命和产业变革对劳动力素质提出更高的要求，未来高技能人才不足的结构性矛盾将进一步凸显。

（五）居民收入增长乏力可能引发新失业问题

消费是收入的函数，扩大消费的关键是要稳定就业、增加收入，这样才能为经济增长提供稳定支撑。2021年，我国最终消费支出对经济增长的贡献率达65.4%，消费增长的乏力势必拖累未来经济增长，进而引发新失业问题。

（六）就业结构性矛盾突出

我国目前的就业结构性矛盾突出，"就业难"与"招人难"并存，不同专业、行业和地区间用人需求差异较大，热门专业聚集度高，热门需求集中性高，所以造成工厂需求的职业技工不足，本科以上高学历一岗难求。例如，现在广东东莞、深圳都出现了用工荒，但是高校毕业生就业率却创新低，这两种现象并存。

就业结构性矛盾还体现在民营企业难招人，事业单位（国企）有竞争。很多人表示不愿意去民营企业，特别是中小微企业，理想的就业单位是事业单位、国企、政府机关。

我国的国内生产总值依然保持了强劲的增长势头，说明新的产业、经济正在取代传统的行业、技术，如一些小众专业开始崭露头角。随着科技的发展，高科技人才在社会上的优势会越来越突出。国家正在追赶科技浪潮，追求高质量发展，调整增长模式。同时，现代人消费观念发生改变，新兴消费市场正在抬头。这些新兴产业正是新的机遇，但是也是挑战，如何在健康、娱乐、时尚、文化、科技等新兴产业获得成功需要极大的智慧。

党的二十大报告中强调，打铁必须自身硬，如果自己有能力，知识丰富，专业技能强，依然能顺利就业。但是，如果跟不上时代与市场需要，不能适应新的环境，必将面临较大就业压力。如何提高自身竞争力，如何拥有良好的职业技能，是每个即将进入职场的人都必须思考的问题。

三、当前大学生的就业形势

自从21世纪初我国高校大规模扩招以来，我国高等教育事业的发展跨上了一个新台阶，越来越多的人得以进入高校学习与深造，对大学生群体的培养从精英化教育模式转化为大众化教育模式。但是，招生规模的持续扩大，直接引发了后来的大学毕业生人数的猛增，再加上前些年席卷全球的世界经济危机对我国造成的影响，大学生群体的就业形势变得十分严峻，从而引起了社会各界的广泛关注。

近些年来，大学生就业压力不断增加。高校毕业生的人数不断上升，而就业率却在持续下降，这就表示每年都有大量高校毕业生处于失业困境之中。大学生能否顺利就业不仅关系到其个人，而且还关系到有关家庭、高校以及社会建设等诸多关系是否和谐。

当前，大学生就业难主要表现在以下几个方面。一是高校毕业生的人数增加较快，每年都有数百万高校毕业生走进就业市场，由市场来配置大学生的就业，然而，就业市场却未能做好各项准备工作。如今，我国人才市场与毕业生就业市场尚不够完善，存在着信息不对称、供需通道不够畅通等问题。二是目前经济发展具有不确定性，随着产业、技术与政策等的持续变化与调整，高等院校学科专业建设显得较为滞后，教育方式、专业配置、教学内容等均缺乏对就业市场以及用人单位实际需求的了解，导致一些大学生在毕业之后无法适应现代就业市场的需求。三是大学生及其家长对于大学生群体就业的期望值太高。如今的大学生独生子女较多，生活条件相对优越，因而缺乏吃苦精神，大量毕业生在就业时只看到沿海发达地区的高收入行业，而不愿到贫困地区就业，这也是导致就业难的因素之一。

四、大学生就业市场

（一）大学生就业市场的形式

大学生就业市场分为有形市场和无形市场两大类。

1. 有形市场

有形市场是指在某一时间内把用人单位与毕业生组织在某一固定场所，为双方进行交流和双向选择提供的就业平台

（1）高校举办的"供需见面会""招聘会""洽谈会"

这类就业市场是把用人单位请到学校直接与需求专业学生见面。优点是针对性强，信息可靠，服务到位，方便快捷；缺点是选择面窄，信息量少。

（2）地方毕业生就业主管部门举办的毕业生就业市场

地方毕业生就业主管部门包括省大学生就业中心、市人才中心等。优点是需求信息量大，选择机会多，节约经费；缺点是针对性不强，现场人员拥挤，效率低。

（3）企业举办的毕业生就业市场

企业举办的毕业生就业市场是由大型企业或企业集团或相关联企业集中举办的招聘到本企业就业的以毕业生为主的就业市场。优点是信息来源可靠，企业宣传介绍全面，

针对性强，可减少自荐盲目性；缺点是需求信息量小。

（4）高校联办的毕业生就业市场

高校联办的毕业生就业市场是为克服市场规模小、专业不全面、用人单位少而实行的强弱联合或强强联合的一种形式。

（5）行业性毕业生就业市场

行业性毕业生就业市场主要是中央部委主管毕业生就业部门主办的，主要为本系统、本行业用人单位服务选择毕业生的就业市场。

（6）分科类毕业生就业市场

分科类毕业生就业市场主要是省（市）人才中心从市场细化角度出发举办的理、工、农、医、师、财经等科类专场招聘会，如化工医药专场招聘会。

（7）特殊就业市场

特殊就业市场是由特殊行业举办的以招聘特殊专业毕业生为目的的就业洽谈会，如选拔公安、公务员、飞行员、外交人员等。

（8）国际性毕业生就业市场

国际性毕业生就业市场是指由国内外的人才中介组织举办的就业市场，主要集中在北京、上海等中心城市。国际性毕业生就业市场实现了毕业生在国际上的流动。

2. 无形市场

无形市场是指没有固定的场所和地点，由用人单位和毕业生自行自主地选择通过某种媒介和交互平台进行交流和沟通。随着信息技术的高速发展，高校无形市场发展非常迅速，发挥的作用也越来越大。目前，无形市场就业方式包括电话、邮件、报刊、网络、专业就业网站、求职网站等。这些方式方便快捷，能打破时间、区域、场所限制，提高就业效率，减少招聘应聘成本。建立毕业生就业网络信息系统，利用就业网络信息系统发布信息和规章制度、实现就业管理已是各高校的普遍做法，就业工作无纸化。

（二）大学生就业市场的特点

时效性：时间紧，招聘应聘时段集中，当年计划当年完成。

群体性：平均每年几百万大中专毕业生形成了一个聚合的需要就业的集体，有鲜明的群体性行为特征。

初次性：毕业生面临初次就业，刚走向社会，缺乏实践经验。

高层化：大学生是社会经济建设的专门人才，层次高，素质好，能力强。

形式多样化，需求多样性：毕业生就业市场形式灵活、多样，既有有形的，也有无形的；既有公开的，也有不公开的；既有规模大的，也有规模小的。

影响大，涉及面广：既涉及社会人才资源合理配置，又涉及毕业生、家长、单位各方利益，关系到高校、社会稳定和经济发展，历来受到党和政府高度重视。

大学毕业生要充分认识到，进入就业市场，就是知识的竞争、能力的竞争、素质的竞争，要有危机意识，要不断提高自己的竞争力。

（三）大学生就业市场的现状

总体而言，大学生就业市场复杂而严峻，不容乐观，主要表现在以下几个方面。

1. 高校扩招，人数剧增

随着社会经济的快速发展，为弥补社会发展中的人才缺口，高校普遍扩招人数，开设新专业，久而久之，使得每年毕业生的数量都在增加，因而很多大学毕业生面临着严峻的就业竞争压力。每年一些行业需要招聘的毕业生人数有限，甚至有学冷门专业的大学毕业生找不到合适的专业对口工作，面对复杂的就业市场，这类毕业生选择的机会少，竞争压力大。

2. 就业观念的变化

现在，社会上从不缺乏工作，但是很多大学毕业生仍然觉得机会少，因为找不到合适的工作，其实他们更多是找不到自己认为合适的工作。有的大学毕业生在找工作时对自己的能力和岗位需求的认识出现了错误，结果往往事与愿违。

3. 缺乏职业规划

在高校就业市场上，有的人很快就找到了工作，有的人却屡屡受挫，直到毕业仍未找到工作。为何存在这么大的差别？影响因素很多，很重要的一个原因是有些大学生缺乏清晰的职业规划。

大学期间较高中期间空闲时间多，有的大学生缺乏自律意识，没有目标，随波逐流。此外，有的大学生通宵达旦地追剧，迷恋游戏，甚至在专业课上做不相关的事情。反之，有一些很优秀的大学生，他们有目标，生活学习非常自律。他们很早就开始考虑毕业时面临的种种问题，了解相关行业的情况，学习一些课外的技能，提升自己的社会实践能力，提前做出职业规划，因而他们在就业市场上很有优势，能很快找到工作。

五、大学生就业难的因素

（一）大学生培养机制不够完善

随着就业制度的不断改进，我国高校教育体制不够完善的地方也在逐步显现，如专业划分与设置过窄，一部分专业的设置脱离现实社会需求，课程设置不够合理，教学内容脱离社会实际。

（二）大学生就业渠道不够畅通

如今，部分高校毕业生存在就业渠道不够畅通的状况。大学毕业生就业受到目前的户籍、人事档案、社会保险等方面的约束，而且从民营企业到国有企事业单位的流动存在困难，造成大学毕业生不愿到民营企业就业。同时，广大基层尽管需要大量高等教育人才，但是因为配套政策与制度支持力度不够，导致大学生群体到基层就业的途径也不够畅通。

（三）大学生和用人单位之间缺乏有效的沟通

大学毕业生对于用人单位的选拔标准、岗位理解等和用人单位的各项具体要求之间具有较大的差异，主要表现为：大学生群体的薪酬期望高出用人单位的预期；大学生更加倾向于从知识层面来提升自我，以求拥有更大的竞争实力，而企业则十分关注大学生的就业心态调整。此外，大学毕业生与用人单位对于就业应当具有的素质、能力等缺乏足够的沟通。

六、大学生就业难的应对措施

大学毕业生就业是一个社会普遍关注的问题。当前大学生就业问题也是一个牵一发而动全身的结构性问题。解决大学生就业不是短时间内就能完成的事情，需要在政府宏观调控下，大学生、社会、高校三者的协调与合作。

（一）政府要积极引导，促进高校毕业生就业创业

用人单位要树立正确的人才观念，消除性别、学历等偏见，完善用人机制，努力为大学生就业营造良好的就业环境。一是政府应做好长远规划，协调城乡二元结构差异和区域差距。适当把资源向中小城镇倾斜，缩小城市和地区之间的差异，更好地引导大学生向不发达地区、小城镇等地区移动，这样不仅能为小城镇带来人力资源，也能相应缓解大中城市的压力，促进社会发展的良性循环。二是要通过财政补贴、税收减免等措施，鼓励企业聘用大学毕业生。对那些聘用大学毕业生的企业，政府视情况按聘用大学毕业生人数给予一定补贴和税收减免政策。三是积极开发和创造大学毕业生就业的公益性岗位。四是鼓励大学毕业生到基层、到农村就业。此外，要引导大学毕业生转变就业观念，把目光由原来的国家机关、重点单位转向那些民营企业和"三资"企业，由经济发达地区转向西部地区和经济欠发达地区。同时，制定相关优惠政策，鼓励大学毕业生到西部、到农村、到基层工作。五是要鼓励大学毕业生自主创业，加快建设一批投资少、见效快的大学生创业园或创业孵化基地。要在金融、税收等方面对高校毕业生自主创业、自谋职业给予扶持。通过优惠的政策、良好的环境，鼓励大学生自主就业，积极创业。

（二）学校要面向市场办学，促进教育同就业相结合

在新形势下，高校要转变教育教学观念，坚持面向市场的办学方针，实现教育与社会实际需求接轨，把教育与就业联系起来，紧紧围绕社会需求，大力培养多层次实用人才，以适应市场需要。一是要推行理论与实践相结合的教学模式，提高大学生的实际工作能力。按照基础教育、职业教育和高等教育协调发展的原则，加快完善现代国民教育体系，适应经济社会发展对不同层次人才和劳动力的需求，实现教育资源的合理配置和学生的合理分流。二是要积极把握经济社会走势和就业市场的变化情况，主动适应人才社会需求，灵活调整专业和课程设置。既要重视少数高、精、尖人才的培养，又要加强培养宽口径、厚基础、强能力、高素质的复合型、实用型人才，还要加强培养大学生艰苦奋斗、团结协作的精神，提高大学生的实际操作能力、适应环境变化能力和社会适应能力。三是要注重加强对大学毕业生的就业指导，帮助大学毕业生科学分析就业市场，客观认识自己，帮助大学毕业生掌握一定的择业技巧，使其善于在就业市场中推销自己，实现就业。

（三）大学生要转变传统就业观念，走向市场

当前，有些大学生还抱有学校和家长为其找有固定收入的工作，找有所谓"铁饭碗"的政府部门或国有企事业单位的工作的幻想。这种计划经济体制下传统的就业观念已不适应市场经济的潮流。因此，树立现代择业观是大学生成功择业的根本保证。一是要丢掉精英意识。我国高等教育已从"精英教育"走向"大众化教育"，大学生也应该树立"大众化"的就业理念。大学生不能有盲目的优越感，要有务实的就业定位，切忌自设"藩篱"。近年来，大学生就业渠道越来越多元化，大学生应该根据自身的专业、兴趣、能力对自己进行合理定位，不应一味地把就业目标定在大城市、大机关、大企业。大学生要成功就业，必须合理定位，不断地调整就业期望值，低姿态进入社会，主动多方面寻找就业机会和就业渠道。二是要先就业后择业，树立动态择业观。大学生要认清就业的大众化和市场化，在面对严峻的就业形势时，要抛开幻想，看到差距，认识到自己的实力。大学毕业生从天之骄子蜕变为追求实际的求职者，只有做好角色转换准备，摆正自己的位置，积极适应需求，才能实现企业和个人的双向选择。三是要从专业向职业过渡，培养自己的综合素质。专业毕竟不等于职业，职业需要社会化。大学生只有更好地完善自身能力，培养自己的综合素质，才能缩短完成专业与职业间转型的过渡时间。四是要充满自信，自信就是智慧。自信是充分就业准备的基础，即正确认识自我和就业形势，恰当地看待自己的水平，合理定位，努力参与竞争，不要有后怕心理。但自信不是自负，应避免引起骄傲，心理受挫失衡。五是要提高心理承受能力，提高自己的逆境商。社会竞争如此激烈，受挫概率相对提高，因此，较强的社会心理承受能力在实际竞争中是必不可少的。受挫后仍要有进取的勇气。受挫是必然的，受挫后要学会反思，及时吸

取失败的教训，更努力地争取机会。

💬 课堂互动

克服就业难大讨论

1. 活动目的

1）熟悉当前就业形势，了解造成大学生就业难的因素。
2）分析如何克服就业难问题，为将来顺利就业做准备。

2. 活动步骤说明

1）以班级为单位，将全体学生平均分为若干个小组，每个小组以6～10人为宜。
2）学生以小组为单位围坐在一起，根据本节内容，通过上网查询、结合身边案例等方式讨论目前的就业形势对大学生就业的影响、大学生就业面临的困难等。
3）各组将讨论的结果列出提纲，推选出一人向全班分享小组意见。
4）在各组意见的基础上，通过讨论总结出解决大学生就业难的办法。

📖 学习反馈

我的就业我做主

结合当前的就业形势及所学专业的就业前景，分析毕业后的就业方向。

_____

_____

_____

_____

_____

_____

_____

_____

_____

任务二 掌握就业政策

一、面向基层的毕业生就业政策

（一）"大学生志愿服务西部计划"

2022—2023 年度大学生志愿服务西部计划紧紧围绕接续全面推进乡村振兴战略的有关部署，实施乡村教育、服务乡村建设、健康乡村、基层青年工作、乡村社会治理、服务新疆、服务西藏 7 个专项。巩固和扩大民族地区、边疆地区、革命老区的实施规模，助力培养和输送青年人才，巩固乡村教育专项规模，助力提升乡村教育实效。西部计划以青年马克思主义者培养工程西部计划专项和研究生支教团专项为抓手，进一步凸显西部计划实践育人的功能，凸显西部计划的志愿性，搭建助力志愿者在实践中坚定理想信念、站稳人民立场、厚植家国情怀、练就过硬本领、投身强国伟业的平台。

西部计划实施近 20 年来，已累计招募派遣 41 万余名大学生志愿者在 2000 多个县（市、区、旗）基层服务。西部计划已成为有效的就业促进工程、人才流动工程、协力振兴工程和实践育人工程，引导着一批批大学生将个人命运与国家发展有机结合，到祖国和人民最需要的地方去受锻炼、长才干、作贡献，在火热的基层实践中坚定理想信念、锤炼意志品格、增长本领才干。

西部计划主要从事服务内容如下。

乡村教育：如果就读于师范类专业，或者有赴西部支教的梦想，就可以在乡镇及以下中小学从事教学等基础教育工作。本专项包括研究生支教团。

服务乡村建设：如果就读于涉农、涉林、资源环境、信息技术、电子商务等专业，就可以在乡镇及以下农业、林业、牧业、水利等基层单位参与农业科技与管理、现代农民培育、乡村公共基础设施建设等工作。

健康乡村：如果就读于医学类专业，就可以在乡镇卫生院、村卫生室等乡村基层医疗卫生机构从事卫生防疫、监测、管理、诊治等工作。

基层青年工作：如果符合西部计划选拔标准，担任过各级团学组织负责人，就可以在县级及以下共青团、青年之家、团属青年社会组织从事团的基层组织建设、基层党务、促进就业创业、预防违法犯罪、志愿服务等工作。

乡村社会治理：如果符合西部计划选拔标准，且所学专业为法律、经济、中文、社会工作、行政管理、历史、政治、体育等相关专业，就可以在乡镇部门单位和乡镇社会工作服务站、养老服务站等，围绕乡村社会稳定、乡村民生改善、乡村养老育幼、乡村人居环境治理、乡村儿童关爱、乡村文化、乡村体育、平安乡村、乡村社区治理、乡村普法宣传等乡村基本公共服务和公共事务方面开展工作。

服务新疆：如果想在大美新疆奉献青春，且符合西部计划选拔标准，就可以围绕新疆和兵团经济社会发展需要，在县乡基层单位参与乡村教育、服务乡村建设、健康乡村、基层青年、乡村社会治理等工作。

服务西藏：如果想在雪域高原建功立业，且符合西部计划选拔标准，就可以围绕西藏经济社会发展需要，在县乡基层单位参与乡村教育、服务乡村建设、健康乡村、基层青年、乡村社会治理等工作。

（二）"三支一扶"

"三支一扶"是毕业生基层落实政策，指大学生在毕业后到农村基层从事支农、支教、支医和扶贫工作。计划的政策依据是 2006 年颁布的《关于组织开展高校毕业生到农村基层从事支教、支农、支医和扶贫工作的通知》，其目的在于为高校毕业生向基层单位落实就业问题提供具体的指导和保障。

"三支一扶"是公开招募、志愿报名、组织选拔、统一派遣的方式，从 2006 年起连续 5 年，每年招募 2 万名左右高校毕业生，主要安排到乡镇从事支教、支农、支医和扶贫工作。2021—2025 年实施第四轮高校毕业生"三支一扶"（支教、支农、支医和帮扶乡村振兴）计划，每年选派 3.2 万名左右高校毕业生到基层服务。

招募工作坚持"公开、平等、竞争、择优"的原则，在专业上以农村基层急需的农业、林业、水利、医学、教育、经济类为重点，同时优先招募家庭经济困难的毕业生，优先安排高学历毕业生，优先安排已考取研究生的毕业生，优先安排回生源地的毕业生。

（三）"大学生村官计划"

"大学生村官"工作是党的十七大以来党中央作出的一项重大战略决策，主要目的是培养一大批社会主义新农村建设骨干人才、党政干部队伍后备人才、各行各业优秀人才。"大学生村官"岗位性质为"村级组织特设岗位"，是国家开展的选配项目。选聘工作由省（区、市）组织，人力资源和社会保障部门定期和统一组织实施，或由省、市两级组织，人力资源和社会保障部门组织实施，由县（市、区）组织、人力资源和社会保障部门与"大学生村官"签订聘任合同，其工作、生活补助和享受保障待遇应缴纳的相关费用等由中央和地方财政共同承担。"大学生村官"系非公务员身份，工作管理及考核比照公务员的有关规定进行，由县（市、区）委组织部牵头负责、乡镇党委直接管理、村党组织协助实施。

"大学生村官计划"是国家出台的一个导向性政策，该政策的实施和推广必将对缓解我国当前巨大的就业压力和建设社会主义新农村产生重大的影响，所以该计划的实施是可以实现双赢战略的政策选择。尽管"大学生村官计划"在实施的过程中有喜有忧，有得有失，但从其发展趋势和发展前景来看，此计划具有强大的发展后劲、广阔的发展空间以及全面推广的必要性。

（四）"特岗计划"

农村义务教育阶段学校教师特设岗位计划，简称"特岗计划"，是由中央财政设立专项资金，用于特设岗位教师的工资性支出，通过公开招募高校毕业生到西部"两基"（基本普及九年义务教育和基本扫除青壮年文盲）攻坚县县以下农村义务教育阶段学校任教，引导和鼓励高校毕业生从事农村教育工作，创新农村学校教师补充机制，逐步解决农村师资总量不足和结构不合理等问题，提高农村教师队伍的整体素质。

2015 年，《国务院办公厅关于印发乡村教师支持计划（2015—2020 年）的通知》（国办发〔2015〕43 号）发布。为贯彻落实《乡村教师支持计划（2015—2020 年）》，建立并完善农村教师补充新机制，鼓励引导高校毕业生到基层就业，吸引更多优秀人才到农村学校从教，提高农村义务教育质量，国家继续推行特岗计划，并将实施范围扩大到《中国农村扶贫开发纲要（2011—2020 年）》中确定的 11 个集中连片特殊困难地区和四省藏区、中西部地区国家扶贫开发工作重点县、西部地区原"两基"攻坚县（含新疆生产建设兵团的部分团场）、纳入国家西部开发计划的部分中部省份的少数民族自治州，以及西部地区一些有特殊困难的边境县、少数民族自治县。

"特岗计划"对我国中西部农村教师转型换代起到了重大的作用，是我国中西部地区落实农村义务教育发展保障机制的重要举措，通过"特岗计划"直接或间接补充的教师是新中国成立以来数量最多、学历最高、待遇保障最为齐全的新一代农村教师。"特岗计划"在新疆、青海、甘肃、宁夏、内蒙古、云南、贵州、四川、广西等地的少数民族聚居区的实施，不仅缓解了这些地区师资不足的问题，而且对促进民族融合、维护社会稳定、传承中华优秀传统文化、推广和普及国家通用语言文字教学等都发挥了重要作用。

"特岗计划"政策实施十几年来，乡村教师短缺问题得以缓解，乡村教师整体质量得以提升，乡村教师队伍结构得以优化，有效的农村教师补充机制得以构建，农村学校教育面貌得以改观，农村学校和社会的活力正在呈现。"特岗计划"已经成为支撑中西部农村教育高质量发展的一股强劲动力。

（五）"选调生计划"

"选调生计划"是指各省区市党委组织部门有计划地从高等院校选调品学兼优的应届大学本科及以上的毕业生或选拔具有 2 年以上基层工作经历的"大学生村官"到基层工作，并作为党政领导干部后备人选和县级以上党政机关高素质的工作人员人选进行重点培养。根据中央有关政策，2011 年以后，参加基层服务项目、符合选调生条件的往届高校毕业生也可以报考。

二、特殊毕业生群体的就业政策

（一）委培生、定向生的就业政策

1. 委培生的就业政策

委托培养招生是由用人单位提供费用，委托高等学校培养学生的一种招生形式。委托培养这种形式既有利于调动高校办学的积极性、挖掘办学潜力，又减轻了国家的财政负担；既解决了一些用人单位对人才的急需，又解决了一部分考生因家庭经济状况无力承担学费的困难，是一举多得的事情。

用人单位委托高校培养学生，是用合同形式来明确各自权利和义务关系的，是一种法律行为。用人单位、高校和学生三方都应履行合同所规定的义务。因此，委托培养的毕业生要按照入学时签订的合同到委托单位就业。委托培养的毕业生因特殊情况不能回原委培单位就业的，须征得原委培单位同意并报学校主管部门批准，同时还要如数偿还培养费、奖学金等费用。如果用人单位提出不接受所委培的毕业生，也应向校方缴纳一定数量的违约金。

委托培养的毕业生，在征得委托单位同意的情况下，可以报考研究生，研究生毕业后，仍要回原委托单位工作。

2. 定向生的就业政策

定向招生是国家为解决边远地区和艰苦行业缺乏人才而又得不到人才的矛盾而制定的一项招生政策。定向生，即定向招生、定向就业，所以学生的就业范围在招生时就已经明确，毕业后必须在招生时所确定的地区或部门范围内就业。

由于定向生在选报志愿时，都要填写《定向生志愿表》，而且学生及其家长都要签字，这实际上也承诺了一种个人和国家之间的权利义务关系，不履行对国家的义务，属于一种违约行为。定向生因特殊情况不能回原定地区或单位的，须报学校主管部门批准，并偿还全部培养费、奖学金等费用。学习成绩优秀的定向生，经定向单位同意可报考研究生，毕业后仍回定向地区或部门就业。

（二）享受国家专业奖学金及艰苦行业、地区或特殊岗位定向奖学金的毕业生就业政策

享受师范、农林、民族、体育、航运等国家专业奖学金及享受艰苦行业、地区或特殊岗位定向奖学金的毕业生原则上按国家计划就业。不服从就业计划自谋职业的，必须补交在校期间普通专业的学费并返还专业奖学金、定向奖学金。

（三）患病毕业生的就业政策

学校应在毕业生毕业前认真负责地对毕业生进行健康检查，对不能坚持正常工作的，让其回家休养。一年内治愈的可以随下一届毕业生就业；一年以后仍未痊愈或无用人单位接收的，由学校将其户籍关系和档案材料转至家庭所在地，自谋职业。

（四）相对贫困家庭高校毕业生就业帮扶

各地要将相对贫困家庭高校毕业生及时纳入就业帮扶计划，坚持重点关注、重点推荐、重点服务，建立健全覆盖就业创业全过程的帮扶机制，统筹调动资源，突出精准施策，加强关爱指导，使零就业家庭毕业生全面就业到位，使有需求的相对贫困家庭毕业生全面帮扶到位，有就业意愿的都能实现就业或组织到就业准备活动中。依托现有就业信息平台，建立相对贫困家庭毕业生就业帮扶机制，做实专门台账，实施动态管理，做到人员底数清、就业需求清、帮扶举措清、求职进展清。教育部门和高校要摸清每名相对贫困家庭毕业生的服务需求，实施"一生一策"针对性帮扶。对离校未就业相对贫困家庭毕业生，教育部门与人力资源和社会保障部门要在实名信息交接中，同步交接其帮扶台账，记录就业意向、求职区域、存在困难等情况，做到就业服务不断线。

对有异地求职意愿的相对贫困家庭毕业生，依托大中城市联合招聘，组织跨地区服务协作和岗位共享，为其求职提供便利。各类就业创业服务项目要向相对贫困家庭毕业生倾斜，对有培训需求的全部纳入培训计划，支持其参加"互联网+"培训、专项能力培训、以工代训，按规定给予职业培训补贴、生活费补贴，使其至少掌握一种专项技能；对有创业意愿的全面纳入创业培训，指定创业导师全程跟踪指导，落实创业担保贷款、免费场地等支持政策，提升其创业能力和创业成功率；对有见习需求的全员纳入见习安排，提供能够发挥其专长的见习岗位，增强其就业竞争力，并优先推荐见习单位留用。

国有企业招聘、科研助理岗位吸纳、"三支一扶""特岗教师"等基层服务项目招募，要在同等条件下优先录用相对贫困家庭毕业生，事业单位可拿出一定数量的岗位招聘相对贫困家庭毕业生。充分发挥东西部扶贫协作、对口支援机制作用，受援地要将相对贫困家庭毕业生信息提供给支援地，支援地要将其纳入就业政策扶持范围，项目建设、企业吸纳等岗位要优先录用。

（五）结业生的就业政策

结业生是指具有正式学籍的学生，学完教学计划规定的全部课程，其中有一门主要课程（包括毕业论文、毕业设计）不及格者。由学校发给结业生结业证书。在规定时间内未就业的，由学校将其档案户籍关系转至家庭所在地（家在农村的保留非农业户口）并自谋职业。

（六）离校未就业高校毕业生的政策

从实名登记、开展精准就业服务、拓宽各类就业渠道、促进创业带动就业、提升就业能力、强化重点帮扶、加强就业权益保护等方面推进离校未就业高校毕业生就业。

三、鼓励高校毕业生应征入伍服兵役政策

（一）高校毕业生预征对象参军入伍享受"四优先"政策

1. 优先报名应征

高校毕业生报名由县级兵役机关直接办理。夏秋季征兵开始前，县级兵役机关通知其报名时间、地点、注意事项等。确定为预征对象的高校毕业生，持《应届毕业生预征对象登记表》，可以直接到学校所在地或户籍所在地县级兵役机关报名应征。

2. 优先体检、政审

高校毕业生体检由县级兵役机关直接办理。夏秋季征兵体检前，县级兵役机关通知其体检时间、地点、注意事项等。确定为预征对象的高校毕业生，未能在规定时间内在学校参加体检的，本人持《应届毕业生预征对象登记表》，可在征兵体检时间内报名直接参加体检。

3. 优先审批定兵

审批定兵时，应当优先批准体检、政审合格的高校毕业生入伍。高职（专科）以上文化程度的合格青年未被批准入伍前，不得批准高中文化程度的青年入伍。

4. 优先安排使用

在安排兵员去向时，根据高校毕业生的学历、专业和个人特长，优先安排到军兵种或专业技术要求高的部队服役；部队对征集入伍的高校毕业生，优先安排到适合的岗位，充分发挥其专长。

（二）大学生退伍义务兵安置优惠政策

自主就业的退役士兵进入中等职业学校学习、报考成人高等学校或者普通高等学校的，按照国家有关规定享受优待。

入伍前已被普通高等学校录取并保留入学资格或者正在普通高等学校就学的退役士兵，退出现役后2年内允许入学或者复学，并按照国家有关规定享受奖学金、助学金

和减免学费等优待，家庭经济困难的，按照国家有关规定给予资助；入学后或者复学期间可以免修公共体育、军事技能和军事理论等课程，直接获得学分；入学或者复学后参加国防生选拔、参加国家组织的农村基层服务项目人选选拔，以及毕业后参加军官人选选拔的，优先录取。

大学毕业生士兵服役期满择业参照应届大学毕业生办理就业手续。入伍大学毕业生退出现役后 1 年内，可视同高等学校应届毕业生，凭用人单位录（聘）用手续，向原就读高校再次申请办理就业报到手续，户口档案随迁（直辖市按照有关规定执行）；参加户籍所在地省级毕业生就业指导机构、原毕业高校就业招聘会，享受提供信息、重点推荐、就业指导等就业服务。高职（专科）学生入伍经历可作为毕业实习经历。

退役大学生士兵入学或复学后免修军事技能训练，直接获得学分。

普通高校应届毕业生应征入伍服义务兵役退役后 3 年内参加全国硕士研究生招生考试，初试总分加 10 分，荣立二等功及以上的免试（指初试）攻读硕士研究生；具有高职（专科）学历的，退役后免试入读成人本科，或经过一定考核入读普通本科；荣立三等功以上奖励的，在完成高职（专科）学业后，免试入读普通本科。

应征入伍的高校毕业生退役后报考政法干警招录培养体制改革试点招生时，教育考试笔试成绩总分加 10 分。

（三）国家资助学费

大学生应征入伍服义务兵役、退役后复学或入学，国家实行学费补偿、国家助学贷款代偿、学费减免。学费补偿、国家助学贷款代偿以及学费减免的标准，本专科生每生每年最高不超过 12000 元，研究生每生每年最高不超过 16000 元。同时，义务兵可获得地方政府给予的家庭优待金。

四、大学生自主创业的优惠政策

2022 年 4 月，教育部决定在全国范围内组织开展高校毕业生就业创业政策宣传月活动，重点宣传党中央、国务院促进高校毕业生就业创业的部署要求，以及中央有关部门、各地和各高校促进高校毕业生基层就业、自主创业、权益保障等方面出台的政策措施。

2022 年 4 月 11 日，教育部高校学生司教育部学生服务与素质发展中心发布《普通高校学生自主创业政策公告》，支持大学生自主创业，具体内容如下。

（一）税收优惠政策

1）持人力资源和社会保障部门核发就业创业证的高校毕业生在毕业年度内创办个体工商户的，可按规定在 3 年内以每户每年 12000 元为限额（最高可上浮 20%，具体由各省、自治区、直辖市人民政府根据本地区实际情况确定）依次扣减其当年实际应缴纳的增值税、城市维护建设税、教育费附加、地方教育附加和个人所得税。

2）对高校毕业生创办小微企业的，可按规定享受小微企业普惠性税费政策；创办个体工商户的，对其年应纳税所得额不超过 100 万元的部分，在现行优惠政策基础上减半征收个人所得税。

（二）担保贷款和贴息政策

1）创业担保贷款和贴息支持：可在创业地申请创业担保贷款，最高贷款额度为 20 万元，对符合条件的个人合伙创业的，可根据合伙创业人数适当提高贷款额度，最高不超过总额的 10%。对 10 万元及以下贷款、获得设区的市级以上荣誉的高校毕业生创业者免除反担保要求；对高校毕业生设立的符合条件的小微企业，最高贷款额度提高至 300 万元，财政按规定给予贴息。

2）创业担保贷款申请程序：申请创业担保贷款贴息支持的个人和小微企业应向当地人力资源和社会保障部门申请资格审核，通过资格审核的个人和小微企业，向当地创业担保贷款担保基金运营管理机构和经办银行提交担保和贷款申请，符合相关担保和贷款条件的，与经办银行签订创业担保贷款合同。

（三）资金扶持政策

1）免收有关行政事业性收费：毕业 2 年以内的普通高校毕业生从事个体经营的，3 年内，免收管理类、登记类和证照类等有关行政事业性收费。

2）求职创业补贴：对在毕业学年有就业创业意愿并积极求职创业的低保家庭、贫困残疾人家庭、原建档立卡贫困家庭和特困人员中的高校毕业生，残疾及获得国家助学贷款的高校毕业生，给予一次性求职创业补贴。

3）工商户自工商登记注册之日起正常运营 1 年以上的离校 2 年内高校毕业生，试点给予一次性创业补贴。

4）享受培训补贴：对大学生在毕业年度内参加创业培训的，按规定给予培训补贴。

（四）工商登记政策

简化注册登记手续：创办企业，只须填写"一张表格"，向"一个窗口"提交"一套材料"，登记部门直接核发加载统一社会信用代码的营业执照，"多证合一"。

（五）户籍政策

取消落户限制：高校毕业生可在创业地办理落户手续（按照直辖市有关规定执行）。

（六）创业服务政策

1）免费创业服务：可免费获得公共就业和人才服务机构提供的创业指导服务。

2）技术创新服务：各地区、各高校和科研院所的实验室以及科研仪器、设施等科技创新资源可以面向大学生开放共享，提供低价、优质的专业服务。

3）创业场地服务：鼓励各类孵化器面向大学生创新创业团队开放一定比例的免费孵化空间。政府投资开发的孵化器等创业载体应安排30%左右的场地，免费提供给高校毕业生。有条件的地方可对高校毕业生到孵化器创业给予租金补贴。

4）创业保障政策：加大对创业失败大学生的扶持力度，按规定提供就业服务、就业援助和社会救助。毕业后创业的大学生可按规定缴纳"五险一金"。

（七）学籍管理政策

1）折算学分：各高校要设置合理的创新创业学分，建立创新创业学分积累与转换制度，探索将学生开展自主创业等情况折算成学分。

2）弹性学制：学校可以根据情况建立并实行灵活的学习制度，可放宽学生修业年限，保留学籍休学创新创业。

课堂互动

就业政策大宣讲

1. 活动目的

让大学生主动学习了解相关基层就业政策。

2. 活动步骤及说明

1）以班级为单位，将全体学生分为若干个小组，每个小组以6~10人为宜。

2）以小组为单位，分配具体就业政策讲解题目，各组分别准备，熟悉相关大学生就业政策、规定。

3）各小组推选一名宣讲小组成员代表依次上讲台宣讲就业政策，台下学生可提问2~3个问题，由宣讲小组成员代表回答。所提问题要联系实际，不能过于宽泛，应越具体越好。

4）根据各小组的表现打分。

学习反馈

就业政策收集

结合国家基层就业政策收集并整理自己所在省出台的基层就业政策信息。

＿＿＿＿＿＿＿＿＿＿＿＿＿＿＿＿＿＿＿＿＿＿＿＿＿＿
＿＿＿＿＿＿＿＿＿＿＿＿＿＿＿＿＿＿＿＿＿＿＿＿＿＿
＿＿＿＿＿＿＿＿＿＿＿＿＿＿＿＿＿＿＿＿＿＿＿＿＿＿
＿＿＿＿＿＿＿＿＿＿＿＿＿＿＿＿＿＿＿＿＿＿＿＿＿＿
＿＿＿＿＿＿＿＿＿＿＿＿＿＿＿＿＿＿＿＿＿＿＿＿＿＿

拓展阅读

大学生到基层就业的重要意义和优惠政策

一、重要意义

大学生到基层就业，可以增强大学生的意志，增进与人民的情感，为人民带来财富。

（一）磨砺意志

大学生到基层，在农村锻炼，可以磨炼生活，锻炼意志。只有历经磨难的人，才能深刻理解劳动人民的疾苦，才能为人民谋幸福，为人民办实事，真正理解并做到为人民服务。

（二）更好地体恤民情

在基层服务的大学生能够听到人民的声音，了解民情，倾听人民的真实需求，了解所反映的问题。

（三）推动人民致富

大学生有理想，受过教育，积极、热情，他们服务于基层，可以利用自己所掌握的知识帮助当地基层振兴经济，推动人民致富。

当前，高校毕业生就业形势严峻，但基层人才短缺。教育引导高校毕业生到基层工作，是解决毕业生就业结构性矛盾的有效途径，也是培养见识和人才的重要途径。基层不仅可以锻炼能力、增长才华，还能因此获得更广阔的空间。

二、优惠政策

在高校毕业生人数不断创新高的今天，扎根基层、服务基层成为众多毕业生的选择。基层是最需要人才的地方，就业空间广阔，国家出台了一系列优惠政策鼓励高校毕业生到基层就业。

（一）通用优惠政策

参加基层就业项目，服务期满后享有的优惠政策如下。

1. 公务员招录优惠

每年拿出公务员考录计划的一定比例，专门用于定向招录服务期满且考核称职（合格）的服务基层项目人员。服务基层项目人员也可报考其他职位。参加"大学生村官计划""三支一扶计划""特岗计划""大学生志愿服务西部计划"等服务基层项目前无工作经历的人员，服务期满且考核合格后2年内，可以报考仅限应届毕业生报考的职位。参加基层就业项目，参加国考，可以报考要求限基层工作经历、基层服务项目经历的岗位。

2. 事业单位招聘优惠

鼓励在项目结束后留在当地就业，参加各基层就业项目相对应的自然减员空岗，全部聘用服务期满的高校毕业生。从2009年起，到乡镇事业单位服务的高校毕业生服务满1年后，在现岗位空缺情况下，经考核合格，即可与所在单位签订不少于3年的聘用合同。同时，各省（区、市）县及县以上相关的事业单位公开招聘工作人员，应拿出不低于40%的比例，聘用各专门项目服务期满考核合格的高校毕业生。

3. 考学升学优惠

参加"大学生志愿服务西部计划""三支一扶计划""特岗位计划"等项目服务期满、考核合格的考生，3年内参加全国硕士研究生招生考试的，初试总分加10分，同等条件下优先录取。参加"选聘高校毕业生到村任职"项目服务期满、考核称职的考生，3年内参加全国硕士研究生招生考试的，初试总分加10分，同等条件下优先录取，其中报考人文社科类专业研究生的，初试总分加15分，同等条件下优先录取；高职（高专）学生可免试入读成人本科。

4. 国家补偿学费和代偿助学贷款政策

参加各基层就业项目的毕业生，符合规定条件的，可享受相应的学费补偿和助学贷款代偿政策。高校毕业生到中西部地区和艰苦边远地区基层单位就业、服务期在3年以上（含3年）的，其学费由国家实行代偿。

5. 其他

1）服务期满自主创业的，可享受税收优惠、行政事业性收费减免、小额贷款担保和贴息等有关政策。毕业生从事个体经营（除国家限制的行业外）的，自其在市场监督管理部门首次注册登记之日起3年内，免收管理类、登记类和证照类等有关行政事业性收费。

2）各基层就业项目服务年限计算工龄。

3）服务期满到企业就业的，按照规定转接社会保险关系。

（二）特定基层就业项目优惠政策

1. "大学生志愿服务西部计划"

服务期满后仍拥有应届毕业生身份。参加西部计划项目前无工作经历，服务期满且考核合格后2年内（研究生支教团志愿者自研究生毕业时开始计算），在参加机关事业单位考录（招聘）、各类企业吸纳就业、自主创业、落户、升学等方面可同等享受应届高校毕业生的相关政策。

2. "特设计划"

聘任期间，特岗教师在职称评聘、评先评优、年度考核等方面享受与当地公办学校在编教师同等待遇。对于3年服务期满、考核合格且愿意留任的特岗教师，各地要保证及时入编并落实工作岗位，连续计算工龄、教龄，不再实行试用期。符合"农村学校教育硕士师资培养计划"（即"硕师计划"）相应条件要求的特岗教师，可按规定推荐免试攻读教育硕士。特岗教师3年聘期视同"农村学校教育硕士师资培养计划"要求的3年基层教学实践。

3. "选聘高校毕业生到村任职"

在村任职2年以上，具备"选调生"条件和资格的，经组织推荐，可参加选调生统一招考。在村任职2年后报考党政机关公务员的，享受放宽报名条件、增加分数等优惠政策，同等条件下优先录用。县乡机关公务员应重点从选聘到村任职的高校毕业生中招录；聘期工作表现良好、考核合格的，报考研究生享受增加分数等优惠政策，在同等条件下优先录取；被党政机关或企事业单位正式录用（聘用）后，在村任职工作时间可计算工龄、社会保险缴费年限；到西部和艰苦地区农村任职的，户口可留在现户籍所在地。

（资料来源：根据网络资料整理改编。）

实践作业

拟订求职计划

1. 目标

分析求职目标和个人就业条件，制订个人求职计划。

2. 内容

1）讨论求职必备条件。

2）分析个人求职条件。

3）制订个人求职计划。

3. 要求

根据训练内容，结合训练要点，采用自我分析与撰写个人求职计划相结合的方法进行。

4. 步骤

步骤一：讨论求职必备条件

1）分组。每组5～8人。选出一位小组记录员，记录小组发言情况。

2）小组讨论。针对就业条件分析表（表1-1）规定的内容，小组讨论需要哪些必备条件。

3）代表发言。小组代表上台板书本小组讨论结果，并作简短解释性发言。

表 1-1　就业条件分析表

必备条件	要素	规则	说明/举例
目标策略	目标定位	要有明确的初、中、高目标层次 至少要在岗位或专业要求、薪酬、工作环境、个人发展等方面有定性和定量要求	初级：所学专业、薪酬 3000 元，工作环境为室内作业，对个人应有发展的可能 中级：所学专业、薪酬 8000 元，工作环境为室内作业，从事项目管理类工作，升职空间大 高级：所学专业、薪酬 15000 元，工作环境为室内作业，实现职业生涯的可持续性发展
	策略	要有实现目标的基本原则 要有实现目标的时间估计 要有实现目标的基本手段	提高学习成绩、英语在本学期过四级…… 时间：三个月内先找到一份工作，三年内相对稳定 手段：外地就业，靠个人努力
途径和方法	求职途径	确定三种明确的求职途径	选择电话求职、上门求职、亲友介绍求职、学校推荐求职、职介机构求职
	实施方法	针对确定的求职途径，确定具体的实施方法	对所选的求职途径，在准备、步骤、规则、技巧等方面提出具体的设计
个人条件	人格和能力	具有能够满足用人单位需要的职业素质和能力	具有高度的工作责任感、一定的英语水平
	实践经历	具有能够满足用人单位需要的实习、实践经验	具有相关的职业实习经验
	学历	具有能够满足用人单位需要的学历	大学本科毕业
	社会关系	具有能够帮助自己就业的社会关系	家庭可以帮助提供就业信息
	其他	具有求职必需的口才、个性、言语表达等有助于求职的条件	有较强的语言表达能力，身体强健，取得第二学历
就业环境的掌握	本专业就业信息的掌握	了解本专业近两年的对口就业单位情况，掌握求职意向所涉及的岗位信息	本专业毕业生在某地区处于供不应求的状态
	相关领域就业单位信息的掌握	了解所学专业相关领域的情况和求职意向所涉及的岗位信息	本专业在某行业处于饱和状态，在某领域可就业

步骤二：个人就业资源分析

1）填写个人就业资源分析表（表 1-2）。

2）总结要点：①对个人占有的就业资源的分析要中肯，既不要夸大，也不要漏掉，本着实事求是的态度；②无论是谁，都会面临就业资源匮乏的问题，因此，如何结合自身的情况，制订一个切实可行的求职计划就显得尤为重要；③对个人就业资源有了中肯的分析，再做求职计划就心中有数了，但还应当从保守的角度做计划。

步骤三：撰写个人求职计划

1）撰写求职计划。依据个人就业资源状况撰写求职计划，填入表 1-3 中。

2）互相点评。小组内互相点评求职计划，随机抽取两份求职计划进行公开点评。

3）观摩和实施。选出优秀的求职计划，张榜观摩。

4）根据个人就业意向和求职目标，制订并完善自己的年度求职计划。

表1-2 个人就业资源分析表

必备条件	要素	规则	个人详细状况
目标策略	目标定位	要有明确的初、中、高目标层次 至少要在岗位或专业要求、薪酬、工作环境、个人发展等方面有定性和定量要求	
	策略	要有实现目标的基本原则 要有实现目标的时间估计 要有实现目标的基本手段	
途径和方法	求职途径	确定三种明确的求职途径	
	实施方法	针对所确定的求职途径，确定具体的实施方法	
个人条件	人格和能力	具有能够满足用人单位需要的职业素质和能力	
	实践经历	具有能够满足用人单位需要的实习、实践经验	
	学历	具有能够满足用人单位需要的学历	
	社会关系	具有能够帮助自己就业的社会关系	
	其他	具有求职必需的口才、个性、言语表达等有助于求职的条件	
就业环境的掌握	本专业就业信息的掌握	了解本专业近两年的对口就业单位情况，掌握求职意向所涉及的岗位信息	
	相关领域就业单位信息的掌握	了解所学专业相关领域的情况和求职意向所涉及的岗位信息	

表1-3 毕业生求职计划表

求职年目标	12月	1月	3月	4月	5月
确定职位					
了解职位需求					
投递简历					
参加面试					
电话询问反馈					
确定录用情况					
签订三方协议					

项目二　就业信息准备

目标与任务

➤ 了解就业信息的含义和内容。

➤ 了解就业信息的特点。

➤ 了解就业信息的分类。

➤ 熟悉搜集就业信息的方法。

➤ 掌握搜集就业信息的主要渠道。

➤ 掌握搜集就业信息的原则。

➤ 熟练选取适合自身的就业信息。

➤ 掌握如何撰写就业信息学习报告、建立职业信息库。

掌握信息，赢得先机

临近毕业，某高校毕业生小黄经常在各大招聘网站搜索招聘信息，他根据自己的专业和兴趣选择就业岗位，将能搜集到的信息分别记录并分类整理。等到毕业时，小黄手中早已握着几家用人单位的就业意向书。小黄说："我觉得自己能够脱颖而出，除了自身的综合素质过硬外，主要是因为我手中有很多就业信息。从学校就业指导中心提供的就业信息到我自己关注已久的公司官方网站上的招聘信息，再到一些企业的微信公众号，我都尽可能多地搜集和利用这些就业信息，我是赢在起跑线上的。"

分析： 机会总是青睐有准备的人，平时主动搜集、了解求职信息，并且运用科学的方法和技巧处理、分析就业信息，有助于高校毕业生尽早找到称心如意的工作。

任务一　了解就业信息

一、就业信息的含义和内容

（一）就业信息的含义

就业信息是指择业者事先不知道的，经过加工处理，能被择业者接受并具有一定价值的有关就业的资料。就业信息可分为广义的就业信息和狭义的就业信息，或称为宏观信息和微观信息。

宏观信息：毕业生就业的总体形势、社会对人才需求、就业政策、就业活动等。

微观信息：具体用人信息，如用人单位的性质、特色、专业要求、行业现状及发展前景、岗位描述、提供的条件等。

（二）就业信息的内容

1. 就业政策与法规

近年来，中央有关部门出台了多个引导和促进高校毕业生就业的专项政策，大学生

27

需要了解的就业政策与法规如下。

1）国家关于大学生就业方针、原则等方面的政策，如国家对大学生应征入伍、"大学生村官"、到基层和中西部地区就业等的优惠政策。

2）国家出台的与就业相关的法律法规，如《中华人民共和国劳动法》（简称《劳动法》）、《中华人民共和国劳动合同法》（简称《劳动合同法》）等。

3）地方用人政策，如各地为吸引人才出台的一系列政策，包括各种补贴政策、落户政策等。

4）学校出台的相关就业规定，如学校根据国家鼓励毕业生到基层和中西部地区就业的政策制定的奖励措施，关于应征入伍大学生攻读研究生的优惠政策等。

2. 社会需求信息

社会需求信息即各用人单位对毕业生需求的情况，主要包括用人单位对毕业生学历层次、专业、性别、技能的具体要求等。毕业生不仅要特别关注近几年各地区、行业间的人才需求状况，避免把注意力集中到那些对人才需求已经饱和的地区和行业，还要关注毕业当年的就业趋势。

3. 职位相关信息

对大学生就业来说，职位相关信息是最重要的就业信息，搜集到足够数量、适合自己的招聘信息是成功求职的基础。

1）职位信息：包括用人单位的信息、招聘岗位的信息、聘任要求条件、联系方式等。

2）行业发展状况：不同行业随着世界经济与国内经济的变化而变化。毕业生应该随时关注国家的宏观政策和发展战略，及时了解并掌握同自己专业直接对口或相关的行业、部门和单位的现状及发展趋势。

3）本专业的就业形势：包括本专业对人才需求的培养目标、发展方向，在本地区或者全国范围内本专业的就业状况、竞争激烈程度等。

二、就业信息的特点

就业信息具有以下特点。

时效性：就业信息的效用具有一定的期限。

共享性：就业信息一经公开发布即为人们所共享。

传递性：就业信息总处于流动和传递状态。

两面性：就业信息有真假之别。

三、就业信息的分类

从信息包含的内容分，就业信息可分为就业形势信息、社会需求信息、用人单位信息。

从信息语言的角度来分，就业信息包括口头信息、书面信息、媒体信息、行为信息。口头信息是指通过与人交谈获取的信息。书面信息是指通过书面材料获取的信息。媒体信息是指通过各种正式公开发行、发布的媒介载体获取的信息。行为信息是指通过信息传递人的面部表情和肢体语言获取的信息。

四、就业信息服务

为促进高校毕业生就业，人力资源和社会保障部等部门持续发力，搭建平台、集聚资源，为毕业生提供不断线就业服务，还没有就业的高校毕业生可以关注的就业信息及政策如下。

（一）未就业高校毕业生求职登记小程序

为拓宽未就业高校毕业生求职登记渠道，人力资源和社会保障部开通了未就业高校毕业生求职登记小程序，搭建方便快捷的就业服务对接平台。

求职登记小程序在高校毕业生就业服务平台、中国公共招聘网、中国国家人才网、就业在线、电子社保卡设有登记入口，同时支持通过微信、支付宝等 App 扫描二维码进行登记。应届和往届未就业毕业生都可通过上述渠道在线登记个人情况、求职意向和就业服务需求。公共就业人才服务机构将与登记的毕业生进行联系，根据需求提供有针对性的就业服务。

（二）高校毕业生就业服务平台

为向高校毕业生提供不间断常态化就业服务，人力资源和社会保障部还上线了高校毕业生就业服务平台，联通全国服务资源，搭建高校毕业生和用人单位高效对接通道。高校毕业生和用人单位可通过网站专区，获取相关招聘信息和就业服务。

高校毕业生就业服务平台设多个专栏。"岗位速递"发布全国最新就业岗位信息；"就业导引"链接不同城市就业服务平台；"直播带岗"瞄准热门行业、新兴产业、重点企业等，推出专题专场或综合性直播招聘活动；"未就业高校毕业生求职登记"提供实名登记求职需求。

（三）就业在线

为配合高校毕业生就业服务平台上线，就业在线平台推出"毕业进大厂　就业总在线"高校毕业生就业服务专场活动，携手多家世界 500 强企业，聚合名企岗位，助力高校毕业生精准、高质量就业。

求职者可从就业在线平台官网进入活动页面，也可通过全国人力资源和社会保障政务服务平台（"掌上 12333" App、12333 小程序）进入就业在线平台，或从电子社保卡签发渠道（包括国家政务服务平台，国务院客户端微信小程序，"掌上 12333" App，各大银行，支付宝、微信、云闪付等 App 或小程序等），通过手机端电子社保卡首页进入就业在线平台参与活动，找到适合自己的用人单位和岗位进行投递。

专场活动除了提供大量岗位外，还着眼于提高求职者的成长潜力、沟通与表达能力、学习与创新思维等"软实力"，请大厂高管或人力资源（human resources，HR）部门人员线上直播课程，介绍大厂企业文化、岗位信息，教授面试技巧，助力大学毕业生顺利拿到录取通知。

💬 课堂互动

解读招聘广告

1. 活动目的

阅读招聘信息，提高信息搜集能力和分析能力。

2. 活动说明

选择一篇招聘广告，阅读招聘广告的企业简介、职位描述和其他信息。招聘信息中的企业简介一般比较简练，主要介绍企业的所在行业和背景，我们可以从中了解到该企业的性质、行业、规模、人力资源状况等。职位描述是招聘信息中最重要的部分，也是企业具体的招聘需求，主要分为两部分，岗位职责和任职要求。岗位职责是指一个岗位所需要完成的工作内容以及应当承担的责任范围，我们可以从中了解到招聘岗位的工作内容、工作流程等。任职要求是完成岗位职责所需要具备的行为能力与素质要求，一般包括教育程度、工作经历、知识和技能、职业素养等。目前在校园招聘中，许多大型国有企业一般要求英语六级，党员优先。特别要注意的是，关于职业素养的要求，包括团队精神、职业道德、沟通能力等。其他信息包括工作地点、招聘专业与人数、应聘方式与截止日期等。这部分信息也是很重要的，不可忽视，特别是应聘方式和截止日期，现在有许多用人单位校园招聘需要网申，一定要注意网申的流程和截止日期。

学习反馈

制作就业信息导图

根据个人所学专业、兴趣爱好、求职目标、职业发展等，结合当前就业形势、政策制作就业信息导图。

任务二　搜集就业信息

一、搜集就业信息的方法

（一）全方位搜集法

全方位搜集法是指先把所有与所学专业有关联的就业信息都搜集起来，再按一定的标准进行整理和筛选，以备使用。这种方法获取的就业信息广泛，选择的余地大，但较浪费时间和精力。

（二）定向搜集法

定向搜集法是指按自己选定的职业方向和求职的行业范围来搜集相关的信息。这种方法以个人的专业方向、能力倾向和兴趣特长为依据，便于找到更适合自己特点、更能发挥自己才能的职业和用人单位。

（三）定区域搜集法

定区域搜集法是指根据个人对某个或某几个地区的偏好来搜集信息，而对职业方向和行业范围较少关注和选择，这是一种重地区、轻专业方向的信息搜集法。按这种方法搜集信息和选择职业，也可能由于所面向地区狭小和"地区过热"（即有较多择业者涌向该地区）而造成择业困难。

二、搜集就业信息的主要渠道

（一）校园招聘会就业

每个地方、每个学校校园招聘会的时间和规模都不同，需要在校生随时留意校园招聘信息，关注自己心仪的用人单位，把握好时间和机会。

（二）本校毕业生就业指导机构

学校每年都向用人单位输送毕业生，与社会各有关单位保持着广泛而密切的联系，并在与用人单位长期合作中，建立了稳定的工作关系，了解和掌握大量的人才需求动态和信息，是毕业生重要的求职信息源。利用这种渠道获取的信息具有针对性强、可靠性高、成功率高的特点。

（三）社会各级人才市场

随着社会主义市场经济建设的发展，我国人才市场中介机构也渐成规模。它们通常会定期或不定期地举办招聘会，有的还会举办专场招聘会，大学毕业生利用这些机会，不仅可以了解到许多不同类型的用人单位和职位，还能锻炼面试的技能和增强面试的自信心。

（四）各种传播媒介

一些用人单位常常通过报纸、杂志、广播、电视等大众传媒介绍本单位的现状、发展前景和人才需求信息。需要特别注意的是，这种信息传播面广，竞争性强，时效快，成功率较低，而且其内容往往比较笼统，如果选用则应做进一步的了解。

（五）家庭和各种社会关系

从父母、亲友以及他们的社会关系中也可以获得需求信息。这种信息针对性更强，通常具有大学毕业生所希望的行业或地区的定向性，对用人单位可以进行更具体的了解，易于双向沟通，因而就业成功率较高。

（六）目标单位网站

高校毕业生如果有精准的求职定位，明确了自己想在什么行业从事什么职业，那么最好能主动出击。首先，进行市场调研，了解目标行业在哪些省份，有哪些用人单位。其次，在初步锁定目标行业、目标区域中的用人单位后，可以直接到目标单位的网站查看是否有招聘信息。

三、搜集就业信息的原则

（一）真实性原则

信息搜集源要真实可靠，在信息搜集过程中要严格分析、筛选，去伪存真，排除无用的信息。要确认就业信息的真实性，就要提高对就业信息的甄别能力。

（二）针对性原则

由于专业特点、高校层次、用工类别的客观区别，就业信息也有着不同的针对对象，需要大学毕业生予以甄别。就业职位无高低优劣之分，但要看是否适合自己。

（三）时效性原则

大学毕业生应尽可能花最少的时间、以最快的速度搜集就业信息，因为信息本身具有时效性，只有及时搜集才是有效的。

（四）系统性原则

对于就业程序、目标职业相关信息、用人单位招聘信息等的搜集要全面、系统，以便把握方向，达到预期目的。

（五）目的性原则

在搜集就业信息时要有方向性和针对性，不能漫无边际。同时，还要尽量获取不为人注重的就业信息，这样才能在求职择业中占优势。

（六）全面性原则

就业信息不仅包括用人单位的招聘信息，还包括就业形势与法规、社会需求等信息，所以在搜集就业信息时要做到以下两点。

1）搜集信息的范围要广，广泛搜集不同方面、不同层次的用人信息。

2）搜集信息的内容要全面，不仅要注意对用人单位信息的搜集，还要注意对毕业生的总体供需形势、自己所学专业的社会需求与发展趋势等方面信息的搜集。

课堂互动

搜集、分析就业信息

1. 活动目的

锻炼就业信息搜集、分析能力。

2. 活动步骤及说明

1）以班级为单位，将全体学生分为若干个小组，每个小组以 6～10 人为宜。

2）每个小组根据小组成员的就业意向，通过网络查询、讨论等搜集尽可能多的就业信息，并记录下来。

3）各小组成员从搜集到的就业信息中筛选出 5～10 条，并按重要程度进行排序，从中选取对自己来说重要的信息，认真加以分析，一般的信息则仅作参考，这样有利于自己逐步明晰求职的重点。

就业信息的排序可以参考下述方法：将各影响因素按照重要程度赋予不同的分值（3～5分），分值越高表示越重要，应放在优先考虑的位置，如表2-1所示。

表2-1　就业信息排序考量因素划分

因素	等级（重要性）（分数）	判断标准
工作内容	一级（很重要）（5分）	是否与自身专业和定位相符合
企业性质、规模、文化及员工发展规划	二级（重要）（4分）	是否产生认同感
自身能力与岗位符合度		是否符合要求
工资待遇、工作地点等	三级（一般重要）（1分）	是否符合自身期望

把自己的就业目标单位筛选出来，填在表2-2中。

表2-2　就业目标单位记录

求职单位	名称A	名称B	名称C
最想去的单位			
理想的单位			
比较满意的单位			
一般单位			
保底单位			

学习反馈

不同就业信息渠道分析

写出你所知道的就业信息渠道，总结每个就业信息渠道的特点，筛选出最适合自己的就业信息渠道。

_____

_____

_____

_____

_____

_____

_____

任务三　使用就业信息

大学生必须具有一定的信息处理能力，包括熟练掌握信息工具的能力、迅速准确地获取信息的能力、合理科学处理信息的能力、创造性地利用信息的能力等。

大学生应结合自己的实际情况，将通过各种途径搜集到的需求信息进行筛选处理，去粗取精，去伪存真，有目的、有针对性地进行排列、整理和分析，只有这样才能使需求信息具有准确性、科学性和有效性，使之更好地为自己的求职服务。

一、就业信息的可靠性分析

就业信息的可靠性分析，一般采用以下三种方法。

1）根据就业信息资料的内在逻辑来验证其可靠性。如果发现资料内容的表述前后矛盾，或违背事物发展的规律，或有违反实践经验即实际情况的内容，此类就业信息的可靠性就值得怀疑。例如，招聘职位是文秘等普通职员，用人单位却给出高薪等优厚条件，这样的招聘信息不能轻信，对此要进行认真调查核实，以防上当受骗。

2）根据就业信息的来源渠道进行分析判断。一般来说，凡是从正规渠道获得的就业信息，可靠性就大一些；凡是从非正规渠道获取的就业信息，可靠性就小一些。政府主管部门主办的报刊发布的就业信息是最可靠的，随处张贴或散发的一些招聘小广告最不可靠。

3）通过上网查出招聘信息中的用人单位人力资源部门的电话号码来核实该单位是否招聘某专业的人才，这是相对直接、可靠的核实方法。

通过就业信息的可靠性分析，对不真实的、虚假的就业信息，应坚决剔除，弃之不用，以防在求职过程中上当受骗。

二、就业信息的筛选

经过对就业信息的可靠性分析，大学毕业生应将过时的信息、虚假的信息剔除，按照时间顺序排序就业信息资料，留下较新的，舍去较旧的。对就业信息按照用人单位的性质、地区、待遇等进行分类对比，将接近自身需求和条件内容的保存下来并进行科学排序，将与专业、兴趣无关或关系不大的归为一类，仅作参考。经过分类整理，重点掌握对自己价值较大的信息，集中精力利用这些信息以抢占先机。

适合自己应是筛选信息的核心所在。信息对自己是否重要，其依据就是是否适合自己。大学毕业生应先从就业信息中筛选出自己较为中意的用人单位，根据用人单位列出的招聘条件、岗位要求等，与自身条件进行对比分析，不断调整和优化自己的求职目标定位，包括求职的专业领域或岗位、薪酬、工作环境、个人发展的可能性等方面，使自己的求职目标更贴近实际。通过对自身条件与用人单位需求对比分析，当发现自己的某些专长和条件正是用人单位所急需的，这时便趋近于就业成功。

例如，某高校毕业生王某大学期间曾多次被评为三好学生。毕业时他了解到的就业信息有高校教师岗位、工厂技术人员岗位、研究所研究人员岗位，还有政府公务员岗位。在分析筛选时，他考虑到自身性格偏内向，普通话不标准，社会交往能力偏弱，而专业成绩较好，于是放弃高校教师和公务员岗位，在工厂和研究所之间选择了研究所。工作的几年中，他先后抽时间到沿海和内地两个不同的工厂和公司进行试工，均感到不适应，最终还是安心在研究所工作。实践证明，他当初的选择是正确的，即适合自己的就是最好的。

三、就业信息的深度研究

就业信息的深度研究是指根据自己的需要，对感兴趣的用人单位的重要信息进行较深层次的分析研究，为求职做好充分准备。就业信息的深度研究，可以从以下几个方面入手。

1）通过查阅号码簿黄页，抄录用人单位的全称、地址、邮编、电话号码、负责人姓名等备用。

2）通过计算机上网或公共图书馆查找用人单位的资料，尽量详细地了解用人单位的经营范围、产品构成、生产规模、分支机构的设置及业务范围、企业文化、公司的发展前景等基本情况。对专业技术岗位和管理岗位的求职者来说，要研究用人单位从原材料到产品工艺流程和工艺设备的有关情况的信息，要了解经营、销售、产值等方面的情况，力求从深层次对用人单位进行了解。

3）通过已经在用人单位工作的亲友、同学或其他关系，直接了解用人单位的详细情况。采取这种方式所获得的用人单位的信息是最直接、最可靠的。

四、就业信息的及时运用

（一）及时与用人单位联系

就业信息的时效性强，一旦选定就要不失时机地主动与用人单位联系，询问应试的方式、时间、地点和要求，并准备好一套完整的求职材料，使需求信息尽早变成供需双方深度沟通的桥梁。当搜集到广泛的信息并加以分析处理后，应尽早决断并向用人单位反馈信息。

（二）及时弥补自己的不足

大学毕业生要根据筛选出来的就业信息的招聘条件和岗位要求来对照检查自己的不足，想办法及时弥补。这一做法尽管在毕业前的有限时间内稍显仓促，但比无动于衷、不做任何改变的做法要好得多，因为现在所缺少的也是今后必须补上的。

（三）及时输出对他人有用的信息

对于一定区域、特定专业的毕业生而言，有效的招聘信息总量是有限的。有些信息对自己不一定有用，可是对他人可能十分有用。当得到了有效的招聘信息，其中却有很多不适合自己时，为了避免信息失效和浪费，要养成与其他同学共享信息的好习惯。主动输出对他人有用的信息，不仅对他人有帮助，同时也增加了与他人交流信息的机会，实现信息共享。

五、就业信息的使用原则

（一）发挥优势和学以致用原则

发挥优势和学以致用的原则，即处理就业信息时，要尽量做到发挥所长，学以致用，这样可以发挥优势，避免人才资源的浪费。

（二）面对现实、理论联系实际原则

在使用就业信息时，要事先对自己有一个全面的认识和正确的自我评价，无论个人的愿望如何美好，都一定要面对现实。

（三）在政策范围内择业原则

使用就业信息时，要把个人意愿和国家需要结合起来，并根据社会需要和自己的能力、愿望做出职业选择。

（四）辩证分析原则

辩证分析原则，即用辩证唯物主义方法论来分析信息，用历史的、发展的、变化的眼光研究、处理就业信息的实际利用价值。

（五）综合比较原则

综合比较原则，即把所有的信息放在一起从各方面比较各自的利弊和优劣，寻找符合自己条件的企业。

（六）善于开拓原则

善于开拓原则，即对那些有潜在价值的信息进行深入思考，加以引证，充分利用。正如人们常说的那样，信息的价值会用则有，不会用则无。

（七）早做抉择原则

信息有很强的时效性，及时用它就能把它变成财富。因为较好的职业总会吸引许多求职择业者，而录用指标是有限的。如果迟延抉择，不及时反馈信息，往往会痛失良机。

六、建立职业信息库

许多大学生不知道如何获取并使用就业信息，其中一个很重要的原因就是职业信息浩如烟海，根本不知道应该从哪儿入手，更谈不上如何使用职业信息了。建立自己的职业信息库，可以增强个人对职业的理性认识，帮助个人为未来的职业选择做准备。

建立职业信息库的第一步是形成职业清单。大学生可以先进行自我探索，通过自我探索中的兴趣探索与性格探索，初步形成一个职业探索的范围。此外，每个人都有自己心目中的理想职业，可以将其一一列出，这样就获得了一个简单的职业清单，总结这些职业的共同点，就可能启发自己想到更多值得探索的职业。再结合自己的能力和价值观，从职业清单中进行筛选，最终就得到自己可以用于求职的职业清单。针对这份职业清单中的职业，进行职业描述和职业探索，记录具体的职业信息，大学生就可以更好地认识和了解某个职业了。

建立职业信息库的第二步是职业描述。职业描述的内容主要包括职业名称、职业的核心工作内容、任职条件、从事该职业所需要的技能、职业发展前景、薪资待遇及潜在收入空间等。进行职业描述时，应遵循完整性、应用性、辩证性的原则。

建立职业信息库的第三步是职业探索。大学生可以通过查阅、参观、实习、访谈等方法探索职业清单上的职业，建立自己的职业信息库。其中，查阅是指个人通过查阅网络、书籍、期刊等资料对自己希望了解的职业进行深入了解；参观是指个人到相关职业现场短时间进行观察，以便了解该职业的工作性质、工作内容、工作环境及氛围，获得实实在在的职业感受；实习是指个人到特定职业场所进行一定时间的见习、实践，更深入地对职业的工作内容、工作要求、工作环境及个人的适应情况进行了解、判断，建立对职业的真切体验和认识；访谈是指通过与从事该职业的人员进行交流，了解相关的职业知识、技能要求、职业待遇和发展前景。

最后，大学生可以将经过以上三步获取的所有职业信息进行汇总，并结合自己的实际情况进行筛选、分类，去粗取精，去伪存真，有目的、有针对性进行整理和分析，建立起自己的职业信息库，为自己的职业发展与成功就业做好准备。

七、防范虚假招聘信息

2022 年 6 月 17 日，人力资源和社会保障部会同国家市场监督管理总局发布通知，部署开展为期两个月的清理整顿人力资源市场秩序专项行动，通知明确要以打击虚假招聘等为重点。以下为几种常见的"虚假招聘"套路。

（一）黑职介"挂羊头卖狗肉"

不法分子主要通过招工信息，或在路边张贴招工广告，或与一些骗子公司或皮包公司合伙等方式，与受害人联系骗得信任，继而以付体检费、培训费、住房押金为名要求其汇款。

防范提示：高度警惕"岗前收费"。岗前收费的名目可谓五花八门，有"押金""体检费""培训费"等，还有类似"准员工培养计划""名企定制培养计划"等各种名目的费用，求职者在遇到此类情况时千万要擦亮眼睛。

（二）异地"忽悠"工作强度与薪资不符

为了快速招人，一些工厂可能会开出很诱人的条件，但实际套路满满。异地求职签了合同之后，会发现薪酬和工作强度不成正比，开出的薪资水平很低，以及不在工作范围之内的高强度工作内容。

防范提示：异地求职在和用人单位签订劳动合同时，须多方打探消息，可以在网上搜集信息，多和工作人员了解工作细节内容，聊天有时也会发现破绽。

（三）以"闭卷"笔试之名盗窃应聘者财物

"招聘方"声称为防止泄露题目、个人信息和预防行贿，将求职者的手机、身份证、钱包等物品收走，当求职者发现自己被骗时，对方已经"跑路"。

防范提示：参加招聘面试前，应注意查看企业的营业执照，搜索企业官网发布的招聘通告，核对官方信息与面试的电话地址是否一致。面试过程中还应注意保管好个人财物，尤其不能同意招聘单位扣押学生证、身份证、毕业证等重要证件。

（四）冒充各大平台招聘，实则为刷单诈骗引流

冒充公众熟悉的互联网公司，以丰厚可观的薪资待遇，在多个微信群发布招工信息，实则为刷单诈骗引流。

防范提示：任何需要垫资的网络招聘都是诈骗，坚决抵制刷单、刷点赞、刷好评的网络兼职，发现异常立即向公安部门举报，及时止损。

（五）"假老乡"假招工，真传销

传销公司人员以"老乡"的名义，主动搭讪求职者，热心向其介绍工作。一般先安排求职者以销售人员的名义上岗工作，然后让其交纳一定的提货款，再让其去哄骗他人。有的求职者在高回扣的诱饵下，甚至去欺骗自己的亲友。

防范提示：求职者到陌生城市，尽量选择公共交通工具，切勿轻信"老乡"说辞，并到正规人力资源服务机构求职。

（六）只试用不转正

一般新员工入职后都有 3～6 个月的试用期，但是有一些用人单位会因为一段时间缺人手，以底薪招聘大量应届毕业生上班，等试用期一到，就随便找个理由辞退他们。

防范提示：即使是试用期员工，用人单位也不可以随意辞退员工，辞退员工需要用人单位提供相关的证据证明该员工不符合岗位要求，否则作违法解除，公司要进行经济补偿。

课堂互动

整理高权重就业信息库

1. 活动目的

锻炼就业信息搜集、管理能力。

2. 活动步骤及说明

1）以班级为单位，将全体学生分为若干个小组，每个小组通过各种渠道和方法，搜集、整理与个人求职目标相关的就业信息，择其精要记录在表 2-3 中。

表 2-3　个人就业信息管理资料表

搜集时间	单位名称	单位性质	单位规模	招聘岗位	专业要求	招聘人数	学历要求	地域要求	薪资待遇	特长要求	所在地或网址	联系部门或联系人	联系电话	电子邮箱	时效性	备注

2）将所有搜集到的就业信息按重要性排序，从中选取对于你来说重要的信息

认真加以分析，而一般的信息则仅供自己参考，这样有利于你逐步明晰求职的重点目标。

学习反馈

撰写就业信息学习报告

报告中要包含就业信息发布平台、获取渠道、获取后的管理和利用方法等。

_____

_____

_____

_____

拓展阅读

当前热门职业

一、人力资源类

未来社会的竞争是人才的竞争，无论是政府机构还是企业，都建立了专门负责招聘人才的部门。在未来社会发展中，对人力资源专家的需求将不断增加。从事这方面职业需要具有人力资源管理、心理学、管理学等方面的学历或学位。

二、计算机技术类

随着计算机技术的发展和广泛应用，各行业对计算机技术方面的专业人才的需求也越来越大，这些行业所需专业人才一般需要具有计算机、信息技术、电子技术或相关专业的学历或学位。

三、环境保护类

随着环境污染的加重和国家与公众环保意识的增强，社会对环境保护类专业的人才需求呈直线上升趋势。环境保护需要环境科学、地理学、生物学、环境化学、环境工程学等方面的专业人才。

四、中医和健康医学类

随着经济发展及人民生活水平的提高，人们对自己的生活质量和健康状况越来越关注，健康医学也应运而生，医用保健品的市场也越来越大，中医学和健康医学成为一个受大众关注的领域。这方面职业的从业者需要具有生物医学或中医学专业方面的学历或学位。

五、咨询服务类

社会分工的精细化和专门化促进了信息咨询和相关咨询行业的发展，并成为社会发展和进步的一个热门职业。从事咨询业需要具有教育学、心理学、管理学、信息科学、经济学等方面的学历或学位。

六、文化娱乐类

消费升级使得人们的消费习惯逐渐向文化娱乐方面倾斜，消费人群越来越低龄化。伴随游戏、动漫衍生而来的二次元文化兴起，以及生产数字化、碎片化、娱乐化内容的自媒体大爆发，都将聚集大量新一代年轻用户，引发新的商业模式和机会。

七、健康养老类

健康养老产业受需求迫切和政策鼓励双向驱动，将迎来十分确定的发展机会。我国政府和个人面临很大的养老压力，养老作为"健康中国"的一部分已被提升到国家战略性高度。沿着国家提出的建设以居家为基础、社区为依托、机构为补充的多层次养老服务体系，发展机会多多。

八、保险类

社会保障体系的不断完善促进了保险业的发展，社会对保险类人才的需求也不断增加，一般从事保险业人员需要具有保险专业、金融专业、经济类专业、管理类专业的学历或学位。

九、法律类

随着社会的发展和进步，法律法规不断健全和完善，律师在社会上的需求量将越来越大，从事律师行业需要具有法律类专业的学历或学位，并获得法律职业资格证书。

十、专业公关类

公关和形象设计对企业的发展是至关重要的，公关行业因此成为极有发展前景的职业，该职业的从业者一般需要获得公共关系专业、社会服务类专业、经济贸易类专业、管理类专业的学历或学位。

十一、生物化学和生物技术类

生物化学和生物技术是近些年科学研究与生物技术开发的一个热门领域，该领域的从业者一般需要具有生物化学、生物技术、生物医学、分子生物学等专业的学历或学位。

十二、心理学类

我国已经将心理学列为 21 世纪重点发展的学科之一，心理学也逐渐成为受关注的专业，在社会各行业中的需求也不断提高。从事心理学方面的职业需要获得心理学专业或应用心理学专业的学历或学位。

（资料来源：根据网络资料整理改编。）

实践作业

目标岗位调查

1. 目的

更好地培养符合当今社会需求的某专业人才。

2. 调查问卷设计

调查问卷的内容可根据具体情况设计，以下是一份简单的调查问卷。

调查问卷举例如下。

A. 贵单位名称：_____

B. 被调研人：_____

C. 联系电话：_____

4. 贵单位属于什么性质的单位？（   ）

A. 国有企业

B. 外资企业

C. 民营企业

D. 三资企业

E. 事业单位

F. 行业主管

G. 行业协会

5. 贵单位的员工规模如何？（   ）

A. 50 人以下

B. 51～100 人

C. 101～200 人

D. 201～300 人

E. 300 人以上

6. 贵单位某技术人才的学历结构如何？（   ）

A. 本科及以上为主

B. 高职高专为主

C. 中职中专为主

D. 高中及以下

7. 贵单位挑选毕业生优先看重毕业生哪方面的能力？（   ）

A. 专业技能

B. 理论知识

C. 职业道德

D. 社交能力

E. 协作能力

F. 心理素质

G. 适应能力

H. 实践经历

I. 学习能力

8. 贵单位聘用某技术专业人才优先考虑的 5 个因素是什么？（限选 5 项）（　　）

A. 职业道德（忠于职守、服从调动、遵守制度）

B. 团队意识（与他人合作、帮助他人、听取意见）

C. 工作态度（积极、主动、踏实、有责任心）

D. 创新能力（合理化建议、业务革新、创造性工作）

E. 适应能力（专业业务、胜任岗位、接受新知识新技术）

F. 沟通能力（资料阅读、文件读写、口头表达、人际交往）

G. 文化基础（计算机、英语、其他）

H. 专业素养（了解职责、了解产品、熟悉操作、专业知识扎实）

I. 基本技能（工具使用、实践操作、业务问题发现及解决）

J. 完成任务（独立、准时、质量、效益）

9. 贵单位认为招收高校生的优势有哪些？（可多选）（　　）

A. 可以从事基层工作

B. 既有一定的理论基础，又有一定的实际操作能力

C. 能吃苦耐劳

D. 薪水低

E. 实践操作能力强

F. 所学知识适应市场需求

项目三 就业材料撰写

目标与任务

➢ 熟悉简历的内容。

➢ 了解简历的内容和类型。

➢ 了解简历的现场投递和网络投递。

➢ 熟悉简历写作原则。

➢ 熟悉简历写作技巧。

➢ 熟悉简历创新技巧。

➢ 掌握简历制作的细节。

➢ 掌握简历中劣势的弥补。

案例故事

求职意愿须明确

小张是某学院 2022 届通信专业的毕业生。在校期间，小张对本专业十分感兴趣，学习也非常认真，掌握了一定的专业基础理论知识，并通过参加技能比赛积累了一些实践经验。在参加招聘会时，小张看到广州某通信公司招聘技术人员，觉得这份工作既是自己喜欢的又是自己所学的，就迅速递交了求职简历。面试时，该公司 HR 看完他的简历后直接回绝说："本公司现在不招聘技术总监，你还是另谋高就吧。"小张看了一下自己的求职简历，"求职意愿"栏写着"技术总监"，这才发现问题的严重性。刚开始制作简历时，小张以为技术人员和技术总监职业相似，觉得技术总监好听一点就写上了，后来虽然了解到技术总监一般要有多年工作经验、拥有精湛的专业技术和一定的管理能力的人才能担任，但他并未及时修改简历。自然地，小张这次没能面试成功。

分析： 求职意愿不明确，往往事倍功半。小张因为不重视简历内容而错失了工作机会。所以，写完简历后要多检查几遍，或者同学之间相互检查，避免因为低级错误而错失工作机会。

任务一　认识简历

一、简历的内容

（一）个人信息

个人信息应该简单而完整，没有多余信息。其中，姓名和联系方式（手机、固定电话、邮寄地址、电子邮箱）是必需的信息，这是应聘任何性质的公司都需要的，可以用较大号文字，写在简历最前面最醒目的位置，方便 HR 查找。至于性别、年龄、政治面貌、籍贯、民族、照片等个人信息，要根据用人单位的性质和职位要求来取舍。一般来说，国企、事业单位倾向于个人全面信息，外企则没有这方面的要求。

1. 姓名

名字要放在简历最显眼的位置。名字就是个人的"品牌商标",是区分不同简历最简单有效的标志,将名字放在左上角而且采用明显大几号的字体,将给人留下深刻的印象。

2. 联系方式(手机、邮箱、住址)

联系方式应该和名字绑定在一个小空间内,同时字体应该适当减小,这样既能为HR获取求职者的联系信息提供方便,又不会抢了正文的风头。

3. 地址

目前简历投递以互联网的方式居多,邮递越来越少,所有邮寄地址一般可以不写,除非用人单位要求。有些用人单位,特别是一些中小企业,也会考虑求职者的居住地址。如果求职者的居住地离用人单位较近,则会优先考虑。

4. 年龄或生日

在提供年龄信息方面,国家与国家之间有很大的差异,但有一点是确定无疑的:如果在简历中提供了年龄信息,用人单位可能会认为求职者对于一份特定工作来说显得太年轻或太老。年龄可能成为一个积极因素,也可能成为一个消极因素。

5. 政治面貌

除非是国企或者公务员,一般用人单位不会对这个问题特别关心,但如果求职者是党员或者其他民主党派人士,也是可以写上的。有人认为"国企和事业单位"喜欢党员,外企和私企不喜欢党员。实际上,不少外企都有党支部,还会定期过党组织生活。

6. 照片

认真打扮、拍摄精良的正装照是加分的;不修边幅或过度修饰的求职照是不足取的。除非与应聘职位有关,否则尽可能不要贴艺术照或生活照。

7. 籍贯

一般情况下,简历中是不需要写户籍所在地的,除非和求职者的求职岗位相关。例如,求职者在上海学习或工作,现在想回户籍所在地安徽合肥发展,就可以在基本信息栏目中写上户籍是安徽合肥。

（二）教育背景

高校毕业生的教育背景应该置于简历上比较醒目的位置。一般按照时间逆序的写法，从最高学历开始写。教育背景中必需的信息包括就读的时间段、学校、学院或专业、学历，主修专业、辅修专业、相关课程、研究项目、成绩排名等要素可以根据实际情况有选择地填写。

1）就读时间段：每段教育经历都要有起止日期，需要衔接。

2）学校：如果就读于名校，校名就是加分项，可以加粗显示。

3）专业：如果所学专业和职位对口，就可以加以强调。如果是跨专业求职，双学位或辅修经历就非常重要。要注意规避劣势。

4）相关课程：一般列出三四门主要相关课程即可，把与应聘岗位最接近的课程放在最显眼的位置，如果成绩还不错，可以标注相应成绩。

5）排名情况：如果专业排名比较靠前，不妨写上，如"排名：年级前 10%"或是"排名：4/30"。

（三）实习经历

实习经历是简历中最重要的内容，也是 HR 在浏览简历时重点查阅的部分，能够系统地反映个人能力、素质、特点、个性等重要信息。如果已有的实习经历与应聘的职位或者用人单位的业务需求相关，通过简历筛选的概率就会较大，因为对方往往会认为求职者具有与职位要求相关的技能。不要把实习经历全部都写上，要有选择、有侧重，所有的内容都要围绕如何能体现人职匹配进行。

1. 实习时间

实习时间是 HR 判断求职者实际工作经验丰富与否的一个标准。先写目前的实习工作，再写以前的实习工作。如果实习时间较短，但实习单位的知名度或者与应聘单位的相关度比较高，就在行首位置强调实习单位，把实习时间放在行尾。

2. 实习单位名称

实习单位名称以最为人熟知的名称来写，可以是营业执照上的公司全称，也可以是公司简称。例如，IBM 的大名在中国家喻户晓，但它的全称 International Business Machines Corporation 和中文名称国际商业机器公司却少有人知道，如果求职者在此公司实习过，实习单位名称最好写"IBM"，而不是"国际商业机器公司"。

3. 实习部门和实习职位

实习单位名称之后注明职位所属部门，加粗显示。如果在同一实习单位经历不同部门和职位，则需要分别介绍不同部门的工作内容和业绩。职位名称要加粗显示，不要轻易用"实习、实习生、兼职"之类的词来代替，这样看不出工作性质。应根据具体的工作、实习内容及对应的部门性质，在真实的基础上，为自己的实习职位定义一个有具体意义的名称，如销售代表、业务助理等。不要夸大职位头衔。

4. 实习具体内容

实习具体内容包括主要工作和职责、工作结果与主要成就、从工作中学到的技能与素质等。很多人在写实习经历时按照时间、地点、用人单位的模式简单罗列，叙述平淡无奇，或者像写记叙文一样对每段实习经历都浓墨重彩地描述，重点不突出，让 HR 看得云里雾里。要注意在写实习经历时多用短句，避免用大段的文字描述。那么，这部分内容应该怎样写呢？可以采用以下方法。

第一，"PAR"法则。采用问题（problem）描述、采取的行动（action）、工作业绩（result）的框架来描述，也就是介绍工作目标、内容、所扮演角色、工作业绩。

第二，工作成就要用数字来说话，尽量具体化，不要使用"许多""大概"等。人们通常接触的数字包括成本、收入、预算等，也包括时间效率、规模和数量等。例如，"开发了销售和市场项目，使购物中心的利润提高了 33 个百分点"，"在行政法规听证会上，作为法律代表为客户进行辩护，胜诉率达 80%以上"。

第三，将看上去"含金量"不高的内容，尝试用相关的专业术语来包装，显得比较专业。要善于用一些比较强势的动词突出自己的成绩，如在某快餐店负责收款和记账，可以写成"主要负责现金收支项目的管理与账目申报工作"。

（四）社会实践

有的大学生在校期间参加学生会、学生社团等，有的参加支教等暑期社会实践，有的参加各种形式的商业比赛。社会实践的描述方法与实习经历类似，社团名称对应实习单位名称，社团职位对应实习工作职位，并且参照"与职位相关"原则，重点写与职位要求相关的内容，不相关的轻描淡写或者不写。

（五）奖励情况

奖励情况的撰写也需要很强的技巧性，要特别注意奖励的级别和特殊性。几乎每份简历上都会有这样或那样的奖励，如奖学金、优秀学生、优秀干部等，HR 已经司空见惯了，所以仅仅罗列一堆奖励名称是没有太大意义的。如果能把所获奖励的难度以数字或者获奖范围来表示，突出所获奖项的含金量，就会增加简历通过筛选的概率。

（六）英语、计算机及专业技能

在以上所有的信息撰写完毕后，别忘了锦上添花，对英语、计算机及专业技能做一些单独描述。如果求职者掌握的技能很多，一定要遵循相关性原则，重点描述那些与应聘职位最相关及未来工作最有用的能力，无关的应考虑从简历中删除。研究表明，近45%的用人单位根据相关经验和个人技能来初步筛选简历。

（七）其他个人信息

1. 个人爱好

一般来说，不建议在简历中写个人爱好，除非公司的申请表有明确要求。因为求职者很难保证这个兴趣爱好能够投 HR 所好，主观性太强，又占据篇幅。

如果要写就必须写强项，弱项一定不要写。因为如果 HR 关注求职者的个人兴趣，可能会和求职者闲聊几句，如果发现求职者并不是期望中的"高手"，可能会很失望，最糟糕的情况是会影响求职者的信用。同时，个人爱好不要罗列得太多，两三项即可，因为在各方面都很强的人毕竟很少。个人爱好要具体化，不能只是听音乐、读书、运动等概括性的词。

有时求职者可以通过个人爱好来体现自己所具有的某种素质和能力，也许正好可以和应聘的职位需求匹配。例如，足球、篮球、排球等大球运动能体现团队协作精神，棋类运动能体现缜密思维、逻辑性和战略意识，演讲和辩论则能很好地反映沟通、表达能力。

2. 自我评价

简历中一般不用写自我评价，如果用人单位要求有这一项，则应该结合应聘职位的特点，分别用一句话来总结各项素质。例如，应聘销售要强调沟通能力、抗压能力，应聘行政岗位要强调责任心强、细心谨慎，然后用一句高度概括性的话，对各项素质做总结。

二、简历的类型

（一）时间型简历

时间型简历是最普通也是最直接的简历类型，即从最近的经历开始，按逆时间顺序逐条列举个人信息。这种简历清晰、简洁，便于阅读者阅读。一份按时间顺序排列的简历应包括目的、摘要、经历和学历等部分。

按时间顺序写的简历一般适用于以下情况。

1）求职者的工作经历能很好地反映出其相关工作技能在不断提高。

2）求职者有一段可靠的工作记录表明其获得不断的调动与提升。

3）求职者最近所担任的职务足以体现其优势。

时间型简历强调的是求职者的工作经历，大多数应届毕业生没有参加过工作，更谈不上工作经历了，所以，这种类型的简历不太适合大学生毕业生使用。

（二）功能型简历

功能型简历是一种不太常用但往往很有效的简历。它强调求职者的资历与能力，并对求职者的专长和优势加以一定的分析和说明。工作技能与专长是功能型简历的核心内容。一份功能型简历一般包括目的、成绩、能力、工作经历以及学历等几部分。

功能型简历一般适用于以下情况。

1）求职者的部分工作经历及技能与求职目的无关。

2）求职者只想突出那些与应聘职务相关的内容。

3）求职者是一个应届毕业生、退伍军人或者正想改行。

4）求职者的工作经历有中断，或存在特殊问题。

功能型简历强调的是求职者的能力和特长，不注重工作经历，因此对大学毕业生来说是比较理想的简历类型。

（三）专业型简历

专业型简历的格式相对来说比较死板，这是专业技术人员最常用的类型，只须列出能体现求职者价值的信息，证明求职者有过硬技术的信息。例如，医生就是使用专业型简历的典型职业，在专业型简历中无须其他，只须列出求职者与专业相关的信息，如就读的医学院、住院实习情况、实习期、专业组织成员资格、就职的医院、公开演讲场合以及发表的著作等。

专业型简历强调的是求职者的专业、技术技能，也比较适用于大学毕业生，尤其是申请那些对技术水平和专业能力要求比较高的职位。

（四）业绩型简历

业绩型简历以突出成绩为主，因此一般将"成绩"栏直接提到"求职意向"栏后。一份业绩型简历一般包括求职意向、成绩、资历、技能、工作经历以及学历等。

业绩型简历强调的是求职者在以前的工作中取得过什么成就、业绩，对于没有工作经历的应届毕业生来说，这种类型的简历不太适合。

（五）创意型简历

创意型简历强调的是与众不同的个性和标新立异，目的是表现求职者的创造力和想象力。这种类型的简历不是每个人都适用，它适合广告策划、文案、美术设计、从事方向性研究的研发等职位。

课堂互动

撰写成就故事

写下生活中令你有成就感的具体事件，然后对其进行分析，看看你在其中使用了哪些技能（尤其是可迁移技能）。

这些"成就事件"不一定是工作或学习上的，可以是课外活动或家庭生活中发生的，如同学聚会、一次美好而难忘的旅游等。

不必是惊天动地的大事，只要符合以下两条标准，就可以被视为"成就事件"：一是你喜欢做这件事时体验到的感受；二是你为完成它所带来的结果感到自豪。撰写"成就事件"应当包含以下四个要素。

1）目标，即需要完成的事情。

2）你面临的障碍、限制或困难。

3）你的具体行动步骤，即你是如何一步步克服障碍、达成目标的。

4）对结果的描述，即你取得了什么成就。最好能够量化评估（用某种方法衡量或以数据说明）。

"成就事件"1: ＿＿＿＿＿＿＿＿＿＿＿＿＿＿＿＿＿＿＿＿＿＿＿＿

"成就事件"2: ＿＿＿＿＿＿＿＿＿＿＿＿＿＿＿＿＿＿＿＿＿＿＿＿

"成就事件"3: ＿＿＿＿＿＿＿＿＿＿＿＿＿＿＿＿＿＿＿＿＿＿＿＿

"成就事件"4: ＿＿＿＿＿＿＿＿＿＿＿＿＿＿＿＿＿＿＿＿＿＿＿＿

"成就事件"5: ＿＿＿＿＿＿＿＿＿＿＿＿＿＿＿＿＿＿＿＿＿＿＿＿

现在分析这些成就事件，在其中你都使用了一些什么样的技能。

技能1: ＿＿＿＿＿＿＿＿＿＿＿＿＿＿＿＿＿＿＿＿＿＿＿＿

技能2: ＿＿＿＿＿＿＿＿＿＿＿＿＿＿＿＿＿＿＿＿＿＿＿＿

技能3: ＿＿＿＿＿＿＿＿＿＿＿＿＿＿＿＿＿＿＿＿＿＿＿＿

技能4: ＿＿＿＿＿＿＿＿＿＿＿＿＿＿＿＿＿＿＿＿＿＿＿＿

技能 5：_____

_____

最后看在这些"成就事件"中有哪些重复出现的技能，它们就是你喜爱施展也擅长的技能。将这些技能按优先次序加以排列。

擅长的技能 1：_____

_____

擅长的技能 2：_____

_____

学习反馈

给自己写一份简历模板

根据目标单位自拟岗位，设计一份求职简历。自己设计简历格式，不要使用网上现成的模板。

_____

_____

_____

_____

任务二　制作与投递简历

一、简历写作原则

（一）简明扼要

目前，由于用人单位是卖方市场，它们的每一个招聘岗位都会收到很多个人简历，要在这么多表述同一意愿的简历中进行选择，其工作量是可想而知的。在这种前提下，个人简历的简明扼要就显得尤其重要，尤其是第一页的表述很关键。在个人简历的第一页，应重点突出与职位有关的信息和自己的强项，如应聘岗位、名牌院校、热门专业、较高学历、优良业绩、实习经历等，使用人单位感兴趣的内容一目了然。

（二）情况相对真实

个人简历中反映的情况一定要真实，这代表一个人是否具有起码的诚信素质。有些即将走出校园的应届大学毕业生为了吸引用人单位的注意力，故意编造一些个人工作经历、工作职位、在校成绩、社团工作、社会实践等来表现自身的素质和能力，这对于那些经验丰富的 HR 来讲，往往显得幼稚可笑。即使这些事项吸引了 HR 的注意，在简历筛选过程中能够瞒天过海，但因为编造者本身没有经历过、思考过甚至听说过，这些事项也往往在第二轮面试中成为他们的滑铁卢，最终仍免不了被淘汰。

（三）层次清楚

一份个人简历涵盖的内容很多，主要有以下几个方面。

1）个人基本资料，包括姓名、年龄、性别、籍贯、通信住址及联系电话等。

2）应聘工作事项，包括应聘部门及岗位、希望待遇等。

3）教育程度，包括毕业院校、所学专业、培训状况、资质状况等。

4）专长与相关经历，包括专业素质与专长、语言能力、社团工作经验、实习经历、实训经历等。

5）附件等。

在个人简历中，应该先写什么，再写什么，用人单位感兴趣的东西要放在哪里，如何突出自己的优势与特色，如何将其层次清晰、逻辑合理地编排在一起，这些都是需要求职者动脑筋思考的问题。

（四）简洁大方

在计算机普及的年代，众多应届毕业生为彰显个性，对于简历风格的设计可谓五花八门，其实包括广告公司应聘设计师岗位在内，对简历的要求都是简洁大方、清爽宜人，对于个性设计、违背简洁大方原则的内容，求职者尽可以在附件中开设一个栏目，详尽地介绍自己的设计作品，一展设计才华，但在简历的正文中必须力避华丽。

（五）第一印象与众不同

简历给予人的第一印象很重要。很多时候，在第一次遴选中，用人单位往往是凭借第一印象进行选择，因此，简历给人的第一印象很重要。其实将简历设计成给予企业与众不同的第一印象很简单，如采用纸张的与众不同、尺寸大小的与众不同、颜色基调选择的与众不同、内容表述方式的与众不同等。这里需要指出的是，不要为了与众不同而违背上面讲到的简明扼要、简洁大方的原则。

（六）尽可能具有针对性

企业的多样性决定了相同岗位对拟招聘人员要求的多样性。例如，同样是招聘前台接待岗位，美资企业要求英语口语流利，德资企业则要求德语口语流利；同样是招聘市场销售人员，保健品企业要求青春健康，保险企业则要求诚恳稳重。因此，求职者在撰写和设计个人简历时应尽可能具有针对性。

（七）不可以出现错字、别字

一份个人简历的字数最多不过 5000 字，一般为 1000～2000 字，有的甚至只用几百字就可以表达清楚。一般情况下，负责简历筛选的人员大都出身文职，对文字较为敏感，错字、别字一旦出现将分外刺眼。对于英文个人简历，文字处理软件都有拼写检查，应届毕业生实在没有理由拼错，否则招聘人员会觉得这位应届毕业生连最基本的事情都做不成，那他还能做好什么？在英文简历中要格外小心拼写错误，尤其要小心相近字，这是拼写检查查不出的错误。例如，有一位专业是经济学的大学生，他本应写"Major：Economics"（专业：经济学），但却误写成"Mayor：Economy"，摇身一变，成了主管经济的市长。另外，要避免明显的语法错误，这并不是说一点语法错误都不允许有，因为英语毕竟不是母语，有一点小错也是能够谅解的，但应该尽量避免。

（八）相关性原则

相关性原则要求求职者能够在众多社会实践经历、实习工作经历中挑出与职位最相关的经历，要求求职者能够在专业不对口的情况下，突出相关的实践经历、培训经历或者辅修课程等。

如何在简历中贯彻相关性原则？一般应做好以下两个方面。

一是根据简历中各大要素与职位的相关程度进行顺序调整或者取舍。在简历的各大要素中，个人信息与求职意向一般放在最前面，但其他要素可以根据其突出的程度与申请的职位的重要性来进行排序。例如，对申请财务咨询职位的大学生来说，如果熟练掌握各种财务软件或者获得国际注册会计师资格，就可以将专业技能要素放在其他要素前面，从而突出自己相对其他求职者的核心竞争力。如果有丰富的财务类实习经历，且相对其他简历要素来说，实习经历更为突出，就应该将实践或实习经历要素放在其他要素前面，从而强调自己的优势。

二是根据每个简历要素中的内容与职位的相关性程度进行顺序调整。简历中同一要素项目下的不同内容，也需要根据其与职位的相关程度来进行顺序调整或者取舍。例如，如果应聘市场营销的职位，就可以将自己的家教经历、兼职英语教师经历从实习经历描述中剔除，更多地强调自己的培训课程推广经历、手机销售等与职位相关的经历。

以上两种方法实际上都是将与职位相关的内容调整到简历靠前的位置。按习惯来说，简历表上的前 2/3 部分为 HR 重点浏览的部分，所以，要尽可能将自己简历中与职位最相关的信息放在前 2/3 部分，这将减少 HR 搜索简历关键信息的时间，从而增加简历通过筛选的概率。

最后，简历制作完成后，别忘记反复修改和查漏补缺。

二、简历写作技巧

（一）针对职位制作

对不同的职位，用人单位的侧重点是不同的，一定要根据应聘职位来制作简历，这样才能有的放矢，充分发挥简历的作用。不要为了省事只制作一份简历，然后大量复制后投递。如果对照招聘的要求来对应说明，那无疑最切合用人单位的要求。简历制作是否能吸引眼球，取决于求职者对应聘职位的认识。招聘人员都明确了解招聘的职位，他们只会注意那些看起来切合职位要求的简历。

（二）充分分析岗位信息

如果用人单位有招聘简章，求职者可以通过招聘简章分析岗位信息。一般来说，用人单位的招聘简章会列出各岗位需要求职者具备哪些技能，以及这个岗位的具体工作内容。求职者可以从这些信息中去分析岗位的基本情况，也可以把关键词写在一张纸上。

如果用人单位没有招聘简章，则可以查一查同类型企业同类型岗位的招聘简章，看看其他企业对这个岗位的能力要求是什么。

（三）列出与之匹配的自身能力并用事实佐证

先梳理自己能想到的所有能力，再列出自认为最具有优势的 3～5 项能力。例如，岗位中需要求职者沟通能力强，而自己恰巧是外向性格且喜欢与人打交道，那么这就算一个优势能力。如果不知道怎么发掘自己的优势，也可以借助专业的测试了解自己的能力有哪些。

选出 3～5 项优势能力后，再选择 3～5 件最有代表性的"成就事件"，按照 STAR [S—situation（背景）；T—task（目标）；A—action（行动）；R—result（结果）]法则的框架，将其呈现在简历上。

（四）有新意

HR 最不愿意看到的就是那种套用模板、千篇一律的简历。简历的格式要有创新，不要让 HR 觉得求职者只是在填表格。所以，求职者要多参考一些简历模板，结合各简历的优点，使自己的简历既有新意，又干净美观。

（五）层次分明

简历整体上要层次分明，重点内容、数据化的内容或关键词可通过加粗字体来强调。

（六）注意细节

较之业务，用人单位更看重素质；较之能力，用人单位更看重态度。素质和态度往往从简历的细节处体现出来，所以大部分用人单位会特别重视细节，往往一个错别字就会导致简历被淘汰。所以写简历时一定要仔细斟酌，把细节落到实处。

（七）格式恰当，篇幅适宜

简历格式杂乱无章，条理不清楚，或者简历太简单，看不出什么信息，或者简历篇幅太长，看不出重点，这些都会给用人单位留下不好的印象。通常来说，简历格式要注重条理，同时篇幅应控制在用人单位刚好在 1 分钟左右看完。

（八）注意排版

简历内容不要太多，要学会挑重点。一般应届大学毕业生或者职场新人（毕业 2 年内）的简历建议不超过 1 页。同时，要避免简历大段的空白，连一张 A4 纸都无法填满。可能有些大学生的经历确实非常单薄，无法填满一张 A4 纸，那么在写简历之前，就要多为自己增加一些经历，如加入学校社团组织、担任企业校园大使或者做一些兼职，尽可能丰富自己的经历。

简历的版式编排要美观大方，让人看起来一目了然。版式的效果好，简历给人的第一印象就会好，这样用人单位也会用心地阅览下去。

三、简历制作注意事项

（一）扬长避短，强调优势

因时间关系，HR 不会从头到尾地仔细阅读每份简历，只是快速浏览，单列出来的技能部分很难与经验产生联动，因此要确保将自己的技术技能体现在实习经历中。应在每项实习经历结束的地方，加入技能要点，强调自己所使用的工具，如 Python、C 语言、JavaScript、Photoshop、Microsoft Office 等。不要写那些对自己择业不利的情况，如对薪水的要求和工作地点的要求，考试成绩也不必全写上，主要写专业课的成绩，尤其要注意避免列出补考的科目。

大公司的求职者往往非常多，HR 在搜索某一关键词时，系统会自动匹配所有与关键词相关的简历，可能是几千封，也可能是几万封。也许 HR 只会关注首页的前几条信息，或者是前几页的信息。求职者可以想办法提高简历的搜索排名，借助 HR 主动搜索来给自己增加机会。这里要提到搜索引擎优化（search engine optimization，SEO）的概念，它是指通过对互联网信息进行持续优化来提高某个内容在百度、淘宝等搜索平台的排名。只要 SEO 做得好，当用户搜索某一关键词时，优化后的内容就可以优先展示在结果中的前几页，甚至是展现在首页顶部。同样，求职者想提高自己简历在招聘网站中的搜索排名，也要像做 SEO 那样去优化简历。通过优化简历内容，使自己的简历更适合招聘网站的搜索抓取，保证在 HR 搜索相关关键词时，自己的简历可以迅速地被抓取出来，优先展示在页面中比较靠前的位置，这样就能多一些被 HR 关注的机会，也就多一些被 HR 选中的概率。

（二）量身定做，富有新意

求职者应有针对性地投递简历，并在制作简历时，结合应聘岗位，将自己最闪光的地方展示出来。例如，应聘对文字功底要求较高的职位时，可在简历上体现出语言能力；应聘广告设计类职位，可将简历制作得更有新意；应聘外企，则需准备外语简历。简历的撰写一定要具有针对性，可以根据自身优势，结合了解的招聘职位信息制作简历，也可以反其道行之，根据掌握的招聘信息来匹配自己的能力。这方面的描述一定要下功夫，面试官可以通过简历侧面反映出求职者是否具备具体岗位需求的素质与能力。每个人的特点及经历都是不一样的，这就决定了简历不能千篇一律，在简历中要反映出个性和创意。如果简历没有新意，无法做到与众不同，就无法引起用人单位的注意。如果打算去"三资"企业，最好准备中英文对照的简历。如果想去少数民族地区择业，使用民族文字撰写简历效果会更佳。如果想去广告设计类企业，最好能体现出求职者的创意和个性。

（三）内容简洁精练

成功的广告不仅简短，还富有感召力，并且能够多次重复重要的信息。个人简历应该限制在一页纸以内，遣词造句要精雕细磨，惜墨如金。个人情况介绍不要以段落的形式出现，尽量运用短语，使语言更加鲜活有力。在简历页面上端写一段总结性的语言，陈述自己在求职上最大的优势，然后在个人介绍中将这些优势以经历和成绩的形式加以叙述。通过 STAR 法则、数据化呈现，用数字和百分比来展现经历或经验。在撰写简历时，要强调工作目标和重点，多用动词，并且要避免可能会被淘汰的不相关信息。巧妙使用数字和比例，营造比较优势；巧妙描述绩效和成果，突出个人能力；巧妙应用黑体和下划线，定位面试官的注意范围。

（四）确保真实，条理清晰

简历是交给用人单位的第一张"名片"，不可以造假，更不可以夸夸其谈。要注意组织好个人简历的结构，语言要通俗晓畅，没有生僻的字词。在结构严谨的前提下，突出显示自己的强项。简历撰写完成后，要仔细检查文字内容和格式，注意排版及字体的规范性，同时注意语法、标点与措辞。最好让他人帮忙审查一遍，因为其他人比自己更容易检查出错误。不能凭空编造个人经历，尽量提供简历中提到的业绩和能力的佐证资料，并作为附件附在个人简历的后面。佐证资料要留复印件，千万不要把原件留给用人单位，以防丢失。

（五）整理"成就事件"

"成就事件"就是人生中的高光时刻，它可以是学习、生活、工作中任何一件让人很有成就感、很自豪的事。人们可以从这一角度出发去梳理整个事件的来龙去脉，然后用合适的形式记下来或讲出来。整理"成就事件"是求职中一项非常有意思和有意义的准备活动，它能帮助求职者充分调动记忆力，以生动、具体的方式去梳理、发现自己独特的天赋、价值观、兴趣、专业特长等，进而明确自己的职业能力，找到适合自己的职业发展方向。事实上，比起空洞的套话，面试官更喜欢听求职者的"成就事件"。一个生动、形象的故事，能将求职者的各项能力、个人特质立体地呈现在面试官面前。若求职者把自己"具有团队协作能力"这样的书面语转化为"我和小伙伴一起想了哪些方法，共同完成了某项很有难度的任务"，面试官就能在短时间内将求职者的能力与岗位要求进行匹配，而这也能让求职者给面试官留下更深的印象。

在运用"成就事件"时还需要注意："成就事件"可以放在个人简历的最后，篇幅不宜太长，让整个简历看上去详略得当、重点突出。在面试过程中，求职者介绍自己的基本情况和工作经历后，就可以围绕应聘岗位的核心要求，有针对性地讲述自己的"成就事件"。在口头表达时还要注意逻辑清晰、论据合理，切忌夸大虚构，实事求是、真诚地讲述即可。

（六）用词规范，选择行业通用词汇和术语

先用某简历中的内容举例。×××，应聘淘宝店铺运营，曾就职××公司，工作职责：负责在网上发布××产品信息；负责××产品曝光和排名；运用其他途径开发新用户。其实该求职者的第一项工作与淘宝店铺运营相关，第二项工作是关键词搜索优化，第三项工作是用社交媒体朋友圈开发客户。HR 在搜索简历时，肯定不会搜索"在网上发布产品信息""运用其他方法开发新客户"这样的大白话，所以简历被搜索到的可能性就非常小。但是，如果把工作内容换成一些行业通用词汇和术语，简历被搜索到的可能性就会大大提高。求职者可以把工作职责作一下简单的修改：将"负责在网上发布××产品信息"修改为"店铺运营、淘宝店运营、电商运营"，将"负责××产品曝光和排名"修改为"产品关键词优化"，将"运用其他途径开发新用户"修改为"利用新媒体、社交媒体开发客户"。

有些求职者可能会担心："我的工作经验不多，之前做过的事也比较少，我不知道有哪些行业词汇和术语怎么办？"其实，自己不懂，可以模仿别人。当求职者不知道应该用哪些行业词汇描述自己的工作内容时，可以去招聘网站上看看自己想应聘职位的岗位描述。当看过几十条岗位描述之后，就可以把出现频率比较高的关键词提炼出来，把它们加到自己的简历中。

四、现场投递

最常见的现场投递简历的场合就是人才招聘会。投递简历前要仔细检查各项信息的完整性。

现场投递简历时，还应注意不要盲目乱投。正确的做法是，投递简历之后争取与现场招聘人员进行简单的交流，留下一个好的印象，这样才有可能争取到面试的机会。投递简历时，应注意以下几点。

1）要表现得礼貌大方，不要缩手缩脚。

2）至少要准备一份干净整洁的简历，有褶皱的简历会让招聘人员觉得求职者不重视他。

3）以自己的独特之处来吸引招聘人员，最好能够让招聘人员觉得该岗位非你莫属。

4）在适当的时候投递简历，不要在招聘人员没空的时候还去打扰他。

5）着装要得体，以最佳形象出现在招聘人员面前。

当求职者做到以上几点，并且能够给招聘人员留下一定印象时，求职者的简历可能就会脱颖而出。

五、网络投递

网络投递简历，就是网上填写简历后进行投递，一般都是在大型的招聘网站上进行。近些年，越来越多的测评网站也提供网络投递简历的空间。

（一）网络投递技巧

1. 经常刷新简历

当用人单位搜索简历库中的简历时，符合条件的简历是按刷新的时间顺序排列的，用人单位一般只会看前面几页。很多求职者其实并不知道刷新简历可以获得更多求职机会。因此，求职者每次登录网站后最好都刷新简历，这样自己的简历就能排在前面，更容易被用人单位找到。

2. 不要只应聘最近三天的职位

一般求职者认为刚刚发布的最新的招聘信息肯定是成功率最高的，其实不然，因为很多用人单位没有及时地登录网站刷新发布的职位。求职者在搜索职位时刚刷新的职位会排在前面，这些职位应聘的人多，竞争大；相反，一些半个月甚至两个月前发布的职位，因为应聘的人少，成功率反而高。

3. 新颖的邮件标题

用人单位每天收到大量的求职电子邮件，求职者一般会按用人单位的要求把邮件标题写成"应聘××职位"。如果用人单位对邮件标题没有要求，求职者就可以在邮件标题上做文章，以吸引用人单位先打开自己的邮件。

4. 简历最好放照片

招聘人员每天需要浏览大量简历，同等条件下，一般会先通知有照片的求职者面试，因为通过照片，招聘人员对求职者又多了几分了解。

5. 在专业的求职类网站投递简历

在专业的求职类网站投递简历，可以选择自己心目中的职业分类、地区，缩小范围，这样更有针对性，成功的概率也会更高。

6. 多次上传，主动出击

求职者可以多次修改简历，多次上传，也可以主动出击，寻找自己想要的职位。

（二）网络投递注意事项

1. 直接申请职位

通过网络投递简历时，是在网站上直接点击"申请该职位"，还是另行将自己的简历发送至招聘广告上公布的邮箱较好？一般来说，如果求职者已经在该网站建立了最新的与该职位相匹配的简历，那么不妨点击"申请该职位"，通过该网站发送简历，这样做的好处是：用人单位能及时收到求职者的简历，而不会将其当作垃圾邮件删除，而且对求职者应聘的职位一目了然。

2. 用私人邮箱

首先，在给用人单位发送简历的时候，要用自己的私人邮箱，切勿用公司的邮箱。
其次，选择稳定性、可靠性高的邮箱，尤其是免费邮箱的选择更要注意。如果邮箱不稳定，发送的简历对方没有收到，或者对方回邮的过程邮件丢失，那就太可惜了。

3. 标题上注明应聘职位

关于邮件的标题问题，如果用人单位在招聘时已经声明了以哪种格式为主题，求职者应尽量照着做，因为这是用人单位初步筛选的标准。邮件标题不能只写"应聘"或是"求职"或是"简历"等，至少要写上应聘的职位，这样才便于用人单位分门别类地去筛选。最好在标题中就写上自己的名字，这样便于用人单位再次审核自己的简历。

4. 申请的职位要准确

应聘职位的名称按用人单位在招聘中给出的写，不要自己随意发挥，就算工作内容相似，在职位名称方面也要按照职位广告上所要求的来。例如，招聘"渠道部总经理助理"，不要写成"总经理助理"或者"渠道助理"；招聘"副总裁秘书"，不要写成"总裁秘书"或者"文秘"。

5. 切忌海投

由于网络投递简历的方便性，不少人选择海投，即一次向多个用人单位投递简历，这是非常不明智的。选择海投，会让求职者在每份简历上花的时间不够，不能够根据各个用人单位的要求对自己的简历做适当却必不可少的修改。因此，正确的做法是抛弃海投，对每个感兴趣的职位进行认真分析，并根据要求修改简历。虽然投出的简历总数少了，但功夫花到了，成功率自然会上升。

6. 包装求职邮箱

在给用人单位发求职邮件时，应该用比较正式的邮箱。建议直接将个人姓名作为发件人昵称，这样对用人单位来说，易记、易查找，有利于招聘人员辨认、整理自己投递的资料。

7. 正文、附件同时发送

投递简历到底以附件的形式发送，还是以邮件正文的形式发送，不同的用人单位可能有不同的要求。一方面，如果简历作为附件发送，很有可能因为下载不便而被搁置或遗忘；另一方面，一些用人单位习惯先建立简历库，把所有简历下载归类后再筛选，以便于保存。

正文发送简历的优点是无须下载附件，简历内容为纯文本格式，打开邮件即可看到；缺点是简历格式可能因邮件发送时出现排版错位而导致内容混乱，而且贴照片也比较困难。

附件发送简历的优点是能够保证简历格式，方便 HR 下载打印简历，简历中的照片不受影响；缺点是附件容易被公司邮箱拒收、删除，附件较大时可能会造成下载困难。

既然两种方式各有利弊，那么该如何抉择呢？首先要查看招聘信息中对简历投递的要求，严格按照招聘信息中的要求投递简历。如果招聘信息中没有规定是正文发送还是附件发送，那么首先查看接收简历的邮箱类型，是公司系统邮箱，还是 163、126 等公共邮箱。如果是公司系统邮箱，建议使用正文发送简历；如果是 163、126 等公共邮箱，建议以附件的形式发送简历。

采用附件发送简历时，应注意以下事项。

一是采用附件发送简历的同时，要在正文中附上求职信，切记邮件正文不能是空白或者仅仅注明"附件是我的简历"等。

二是附件的名称要起好，便于 HR 直接下载保存。切忌使用"我的简历""简历 123"等标题，以免引起混淆。附件的名称最好为"应聘的职位+自己的姓名"，方便 HR 直接下载保存和后续查看。

三是要注意附件简历的文件格式。建议使用 Word 软件制作简历。如果招聘信息中没有特别注明，可以用 Word 排完版后转成 PDF 格式。如果招聘信息中注明使用 Word 格式，建议将简历保存为低版本的 Word 格式，使低版本的 Word 软件能够正常打开。同时，也不要将简历压缩成 RAR、ZIP 等压缩文件，避免给 HR 带来麻烦。

四是要注意附件的大小。以附件形式发送简历，只需要发送简历即可，无须发送成绩单、证书等其他附件，除非招聘信息中明确要求提供这些材料。这样做的目的是使附件文件不要过大，尽量越小越好。

8. 发邮件掌握最佳时机

发邮件有一个最佳的时间段，在这个时间段收件人打开并阅读邮件的概率最大。大部分人是上午 8 点半左右上班，上班后会先打开邮箱浏览需要处理的邮件。下班前或者下班后发送的邮件被阅读的概率是最小的，因此邮件最佳投递时间是上午 8:00—9:30，其次是下午 2:00—3:30。

💬 课堂互动

简历挑错游戏

1. 活动目的

锻炼对简历的评审能力。

2. 活动步骤及说明

1）以班级为单位，将全体学生平均分为若干个小组，每个小组以 6~10 人为宜。

2）简历互评。小组成员撰写自己简历中的目标职位、应掌握的核心技能、实习工作情况、取得的工作成绩这几项内容，小组成员之间互评，并在 10 分钟之内从简历中挑出错误之处。

学习反馈

撰 写 简 历

根据简历的写作原则、写作技巧，结合自己的实际情况为自己撰写一份内容完整的简历。

任务三　创 新 简 历

一、简历创新技巧

（一）从用人单位出发进行创新

可以针对用人单位的产品进行创新。例如，一位应聘制药工厂的求职者把自己的简历当作药厂的新产品说明书来制作，在简历的封面充分表现了最有感情共鸣的几个元素：新产品、企业标识、企业名称、企业识别色等。招聘人员通过观看这些要素传递的信息极大地加深了对简历主人的认同感和亲切感，极大程度上会给予求职者一次面试机会。

在撰写简历时要认真思考、深入分析所要应聘的单位，多认识，多了解，结合用人单位的基本情况，充分考虑招聘人员的情感需求和心理愿望，把自己以合适的形式同企业相结合，以恰当的方式表现出来。这样的简历就是独具个性、富有创意，能被招聘人员从众多的简历中选中的好简历。

（二）从应聘的岗位出发进行创新

简历还可以从体现求职者应聘岗位所需的职业技能和职业修养的角度进行创新，在简历上表现出求职者具有符合应聘岗位要求的能力、水平和职业意识。例如，一位大学毕业生应聘的岗位是某房地产开发公司的策划专员，他把自己的求职简历做成了一份楼盘预售公告。对于房地产开发公司而言，策划专员这个岗位要求求职者具备独特的思维，富有创意和激情。要能做好策划工作，首先必须能够策划好自己的简历，而这位大学毕业生既结合从求职单位进行创新的要求，在简历中体现了招聘人员喜闻乐见的基本要素，又结合应聘的岗位进行简历的创新，这样的简历自然能够脱颖而出。

根据从岗位出发进行简历创新的要求，可以制作出不同形式的个性化简历。例如，应聘人力资源管理岗位，可以把简历做成计划引进的人才档案，以人才档案的形式出现，内容可以包括人才引进原因、人才主要成就等要素。

总之，简历是一个信息传递的工具，是协助简历的主人在竞争中脱颖而出的武器。简历创新要把握方向，切不可偏离目标，简历的目标就是获得面试，只要能切实有效地帮助求职者实现求职目标的简历就是一份成功的简历。但是，简历创新要慎重，千万不要离谱，要以常人能接受的方式进行创新，同时要结合用人单位和自己的具体情况，把两者有机地结合起来，让所有的创新都为简历的主人服务。

二、简历制作的细节

（一）版本与模板

根据求职的需要，求职者一般会准备 Word、PDF 格式的电子版和纸质版等。其中，Word 格式是最基本的格式，适用于很多场合；PDF 格式能够弥补 Word 格式易带病毒的缺点，又比较美观；纸质版是参加各类现场招聘会必不可少的。

目前，有很多成熟的模板可供大学毕业生使用，国内的门户招聘网站都有专栏介绍如何设计模板，还有免费的模板下载，如智联招聘、前程无忧、医学生网、丁香园网站等。常用的 WPS 等办公软件也有简历模板。如果想使用特别的版式，也可以自行设计。

（二）篇幅

一般来说，对篇幅影响最大的是工作经历，工作经历丰富的人，可能要写2～3页，工作经历相对较少的人，一般以 1～2 页为宜。对于应届毕业生来说，简历内容最好压缩到一页，或者正反两面打印的一张 A4 纸。对简历进行压缩有时是很困难的，一方面是难以区分取舍，另一方面可能是舍不得取舍。

如果经过压缩，简历还是会在一页半左右，千万别就这样发送，否则用人单位会以为这是一份没有完成的简历。可以通过增加简历栏目，或者增加栏目下的内容，或者对工作内容进行更加细致的描述来将简历扩充至两页。

（三）重要内容

1）一定要坚持重点优先的原则，重要信息要出现在第一页，重要因素要提前。

2）写项目标题（如个人信息、教育背景、求职意向等）时可以加粗，按重要性从重要到次重要排序分行列出。也可以加上项目符号，但是同一篇简历中不能使用太多种类的项目符号，以避免过于花哨，给人留下不够简练的印象。

3）在简历中，可以使用加粗字体来强调某些内容。在英文简历中，可以将公司或机构的名称大写加粗，但为强调而使用的大写字母或黑体字要适量。加粗字体应该遵循相关性原则，应该用于自己所从事的工作，特别是与所申请工作有关的事情。

（四）照片

照片的使用也是需要仔细考虑的，因为求职者无法准确地把握招聘人员看到照片时的感觉。贴在简历上的照片必须是标准证件照，切忌贴生活照、艺术照或者大头照。

（五）字体

一份个人简历中字体的使用不应该超过两种。中文简历正文部分一般采用宋体，小标题和题头部分的姓名可以用黑体。

至于英文简历，"Times New Roman"和"Palatino Linotype"都是值得推荐的字体，也可以适当使用一些斜字体（用来突出自己曾担任过的职位），但不要太多。在有数字的情况下，要注意数字字体和英文字体相匹配。

（六）字号

个人简历的标题中文通常用小三号或四号，英文用 14 号或 16 号；项目标题可以用五号黑体字来强调；正文文本最好用五号字。如果为了扩充简历版面，也可以用小四号字。在简历写完之后，要仔细检查所有项目的字体是否协调一致，做到雅观得体。

（七）留白

有些应届毕业生牢记"简历一般是一页"的教条，即使内容很多，也要把简历的所有内容都挤到一页纸上，密密麻麻，让人看得头昏眼花。其实，简历版面中留白是需要把握的一个关键点。求职者应该设身处地地为招聘人员考虑，在浏览了上百份简历后，他是否还愿意浏览在有限空间内挤入太多信息的简历？

（八）对齐

简历中的联系方式，如姓名、电话、邮件、住址等信息可以是左对齐、居中或者右对齐，但千万不要几种方式并用，让人无所适从。

（九）一致

简历的各项内容写完后，要统一进行行距和缩进量调整，确保所有文字的格式是一致的，不要出现对不齐的现象。注意重点检查下面几个方面的一致性：缩进、大写、字体、行距。

（十）纸张

首先是纸张的克重，一般为 80～100 克/米²，一般选用 A4 大小的纸张，这样会使纸张看起来比较有质感，尤其是在申请自己比较向往的企业和职位时，这样可以让招聘人员感受到自己对工作机会和职位的重视与向往。

其次是纸张的颜色，最好为乳白色，看起来干净、柔和。有人会认为使用彩色纸张更能在一堆白色简历中脱颖而出，殊不知对于招聘人员来说，彩色纸张可能比较刺眼，有哗众取宠的感觉。

（十一）打印

出色的简历要求每页着墨均匀，轻重一致，不要出现条纹或污迹。不要选择喷墨打印机打印，而要使用激光打印机。尽量少用复印的简历。是否彩色打印，根据简历的风格以及色彩搭配而定。若彩色打印，一般而言，简历的主色调、图案等要素颜，提倡使用浅色系；文字提倡使用黑色。

三、简历中劣势的弥补

俗话说，人无完人。对应届毕业生来说，缺乏相关工作经验是求职困难的一个主要原因。对有些大学生来说，还存在一些人们俗称"硬伤"的劣势，如学习成绩不够好、缺少公司实习经历、应聘的职位与专业不相关、缺少英语等级证书等。那么，在这样的不利条件下，该如何来调整自己的简历，让用人单位看到自己的优点呢？实际上，这些人可以借用中国传统拳法——太极拳里的招式"借力打力"来"修饰"自己的简历，在保持简历真实性的基础上，最大限度地展示优势，淡化劣势。

（一）学习成绩不够好

大多数用人单位在招聘应届毕业生的时候，将学习成绩看成一个很重要的考核指标，但这不是决定性的。因为多数用人单位更看重应届毕业生的综合素质及能力，学习成绩好只能说明求职者在学习课堂知识方面有独特的方法，并不能说明其在其他方面也很优秀，况且高分低能者也不乏其人。

学习成绩的"好"与"不好"实际上是一个相对的概念，因为不同的行业、不同的用人单位对成绩的要求是不一样的，不少民营企业或制造业相关企业对成绩的要求通常没有那么高，相反也许会更看重实践表现。另外，一些专业性较强的企业，如信息技术类公司，更看重职位相关课程的成绩，而不一定是总成绩。如果求职者的学习成绩一般，可以从以下两个方面来准备简历。

第一，突出相关的、高分的课程。建议将相关的、相对高分的课程写到简历中去，而将不相关的、相对低分的课程从简历中删除。例如，某管理学专业本科生应聘财务会计类职位，其总成绩并不突出，可在教育背景中选择列出相关的高分课程。

第二，突出实习兼职、社团或学生会经历。如果学习成绩不是很好，那么建议突出相关的实践活动。因为理论与实践通常不可能是两全其美的，而通过实践经历来证明综合素质，大多数情况下比突出成绩更有效。

（二）缺少公司实习经历

对一些大学毕业生来说，不缺少公司实习经历，缺少的是与应聘职位或行业相关的实习经验。对很多大学毕业生来说，除了学校的经历以外，没有任何公司的实习经历。在这种情况下，应该从以下两个方面来弥补。

第一，突出社团、学生会等实践活动。可以将在学校参加的社会实践活动作为工作经历、实习经历来描述。因为如果在学校担任过社团、学生会等干部，有独立或带领团队、安排社团活动的经历，从某种程度来说，同样能说明沟通能力、团队合作能力等企业看重的能力。不过特别值得一提的是，并不是每项社团经历对求职者都有帮助，也不是每一次的校内活动都对简历有帮助，建议求职者在处理这方面的问题时，根据应聘的职位和公司慎重地进行选择和调整。

第二，强调个人技能、培训经历和快速学习能力。求职者应该强调自己已掌握的知识、工具，或参加的培训经历，并同时以真实、详细的例子来证明自己具有极强的学习能力，能够有效地弥补所欠缺的工作、实习经验，如可以将论文中应用的研究方法、所使用的软件等作为个人技能及经验的证明。例如，某大学毕业生应聘财务助理，职位说明中要求求职者熟练操作财务管理软件，该大学毕业生的大学课程中有学习财务软件的课程，就可以将此课程作为培训经历来重点描述，向用人单位强调自己的个人技能及快速学习能力。

（三）应聘的职位与专业不相关

实际上，现在越来越多的应届毕业生所找的工作与自己所读的专业并不相关，因为越来越多的企业放宽了对专业的限制，甚至不限专业，所以这一条对求职者的影响已经越来越小。当然，个别技术类专业因为门槛较高，还是要求专业对口的。如果是跨专业求职，那么简历中该如何写？可以从以下几方面来考虑。

第一，突出双学位、辅修专业或选修课程。虽然有些职业对专业性要求不强，但如果大学毕业生具有一定的相关专业背景，在求职中自然能更胜一筹。现在很多大学开设了辅修专业课程，这对跨专业的大学生应聘是很有帮助的。所以，准备跨专业求职的大学生，有必要尽早规划就业方向，在专业课以外选修或辅修相关课程。

第二，突出外语能力、个人技能。在跨专业求职中，工作能力是最重要的考量，外语能力、计算机能力、与职位相关的专业技能、沟通表达能力、团队合作精神等都是简历中应该突出的重点。

第三，突出实习、社会实践经历。如果能够及早洞察自己未来求职要面临跨专业的问题，平时就应该多参与相关的实习及社会实践，用实践经历来说话。

（四）缺少英语等级证书

大多数企业招聘应届毕业生，对英语的要求至少为通过英语四级，有些企业要求通过英语六级。对外企来说，英语是工作环境中可能经常要用到的语言，所以如果是应聘外企，相关的英语证书是必需的。但如果只有一张英语四级证书，而实际的英语口语水平比较高，就可以借实习经验让用人单位推断出自己的英语能力。例如，想表达"自己英语口语能力强"这层含义，如果在实习经历中注明"工作语言为英语"，说服力就会很强。

💬 课堂互动

自信是最重要的广告

1. 活动目的

了解树立自信的重要性；提出培养自信的方法，通过活动体会其意义。

2. 活动步骤及说明

（1）暖身活动：面对面
将所有人围成两个同心圆，同心圆随着歌声转动（内外圈的旋转方向相反），歌声一停，面对面的人互相握手，歌声再起，活动继续进行。

（2）消除自卑，建立自信
第一步：讲述培养自信的方法
抬头挺胸：_____

面带微笑：_____

大声说话：＿＿＿＿＿＿＿＿＿＿＿＿＿＿＿＿＿＿＿＿＿＿＿＿＿＿＿＿＿

＿＿＿＿＿＿＿＿＿＿＿＿＿＿＿＿＿＿＿＿＿＿＿＿＿＿＿＿＿＿＿＿＿＿

第二步：训练活动

训练活动1：目光炯炯

两人为一组对坐，对视一分钟，轮流说出自己的一个优点，态度要肯定，大声说三遍。然后讨论说优点时每一遍的感觉有何不同。

训练活动2：假如我是雇员

想象这样一个情景：一个雇员找老板要求升职。老板问："你怎么敢提这样的要求？"假如你是这位雇员，你会以怎样的方式提出升职要求？之后又如何回答老板的问题？

两人为一组，分别扮演雇员和老板的角色，要求老板第一次接受升职的要求，第二次不接受升职的要求。

（3）活动总结

＿＿＿＿＿＿＿＿＿＿＿＿＿＿＿＿＿＿＿＿＿＿＿＿＿＿＿＿＿＿＿＿＿＿

＿＿＿＿＿＿＿＿＿＿＿＿＿＿＿＿＿＿＿＿＿＿＿＿＿＿＿＿＿＿＿＿＿＿

＿＿＿＿＿＿＿＿＿＿＿＿＿＿＿＿＿＿＿＿＿＿＿＿＿＿＿＿＿＿＿＿＿＿

＿＿＿＿＿＿＿＿＿＿＿＿＿＿＿＿＿＿＿＿＿＿＿＿＿＿＿＿＿＿＿＿＿＿

学习反馈

根据岗位需求撰写个性化简历

根据你想应聘的岗位需求撰写一份个性化简历，创新方法如下：为目标企业量身定做，结合应聘岗位，从所学专业上创新。

拓展阅读

求职简历的创新

在求职者找工作的过程中，那些个性突出、特色鲜明的求职者很容易在竞争中胜出。如今，大学生的简历已不再拘泥于传统形式，制作名片式简历、视频式简历等新形式层出不穷。简历创新形式举例如下。

1. 报纸式简历

在海南某媒体任职的东北师范大学陈同学，凭借"第一印象"被多家用人单位看中。一份名为"时代"的报纸，报眉新闻是两年来获得的奖励，以简讯的形式呈现。报纸内容分为四部分：第一部分是 1500 字的大学回忆录，第二部分盘点了自己的优势，第三部分是学校老师的评价，第四部分是在校期间发表的新闻作品。

"简历要有特色，要有吸引力，通过设计，我做出了自己的'新闻'。"陈同学说，报纸式的简历是根据自己的专业制作的，这也是给自己找工作增加筹码。

2. 新产品说明书式简历

长春大学计算机专业的一位大学生把自己的简历做成了企业的新产品说明书，包含新产品、企业标识、企业名称、企业识别色等与企业相关的元素。简历的设计和内容的巧妙填充，将自己对企业的了解和自身能力水平充分地体现了出来。

3. 名片式简历

不足巴掌大的微型简历，内容却一应俱全。"××大学学生会会长""××协会秘书长""××社团团长"……大学生把自己在校期间的所有头衔都填在职务一栏内，曾任职务一栏则是见习经验，需要几页纸阐述的内容全都被浓缩到一张名片上。

4. 视频式简历

多媒体视频简历简称"视频简历"，是在数码视频产品、宽带互联网以及计算机多媒体软件等多种高科技产物迅速发展的背景下产生的一种新型的求职手段。简言之，所谓视频简历，就是把个人情况和才艺录制下来，作为影视资料提供给用人单位的一种简历，它和文字简历一样，是自我推销的一种形式。视频简历拥有传统求职简历无法比拟的优势，具体体现在以下几个方面：目光焦点，跳出堆积如山、千人一面的简历，让自己的简历脱颖而出；声形并具，全面展现自己的个人优势；灵活多样，不但能在叙述中加入证书、照片及文字资料，还可以拍下教师对自己的评语等；里程碑拍摄，可以记录下自己大学期间的全部闪光点；时间随意，经过自己的同意，用人单位可随时通过链接打开视频简历，进行初次面试，同时可节约求职者与用人单位的时间成本。

求职简历的创新应注意以下问题。

1）简历创新必须把握方向，不能偏离目标。简历的目标是获得面试机会，能达到简历目标的简历才是好的简历。

2）简历创新应该谨慎，不要过分，应以用人单位和普通人都能接受的方式进行。

3）简历创新应该把用人单位和自身的具体情况结合起来，让所有的创新服务于简历的所有者。

（资料来源：根据网络资料整理改编。）

实践作业

简历投递与反思

在投递不同职位时，有针对性地改动简历的一小部分，把你投递的职位放在首位，与你投递职位相关的工作经验要尽量详细，以便用人单位了解。投递简历时，不要一口气投递同一家用人单位的多个职位，特别是一些根本不相关的职位。

想一想，投递简历时你还应注意哪些问题？

_____

_____

_____

_____

_____

项目四　面试与笔试

目标与任务

➤ 了解电话面试、视频面试、结构化面试、无领导小组面试、情景模拟面试。

➤ 熟悉面试现场的礼仪。

➤ 掌握面试技巧和笔试技巧。

案例故事

面试成功的秘密

某校毕业生小齐在一家外企工作，这也是她的第一份工作。和求职中屡屡受挫的同学相比，她几乎算一次成功。当别人向她讨教经验时，她说，"细节决定成败"的道理在找工作时也适用。小齐应聘的第一家单位是一家保健品企业。那时，公司只招聘客服助理一人。小齐顺利进入面试，她事先为自己搭配了比较大方得体的衣服，"穿衣问题虽是小节，却体现了对他人的尊重"。面试时，她还特地提前半小时到达，"守约不是大事，却能给人严谨的好印象"。

面试由总经理亲自主持，小齐刚开始也很紧张，因为与其他一起前来应聘的同学相比，她的优势并不特别突出。当主考官要求她介绍自己有什么特点时，小齐冷静下来，她用实例回答考官：在学校担任就业工作助理期间，她负责协助老师组织招聘会，经常从网上挑选、联系、邀请用人单位，在这个过程中，虽遭遇挫折，却在很大程度上锻炼了她较强的抗挫折能力。

面试完毕时，她把椅子轻轻搬回原位。这时，主持面试的总经理脸上产生了微妙的变化，并热情地说再见。因为这个细节，她成为唯一被录用的应届毕业生。人力资源部经理后来告诉她，面试时，面试官都会观察求职者是否迟到。那天她不但没有迟到，还是应聘人员中唯一一个把椅子搬回原位的求职者。这个小小的举动为她最后胜出奠定了基础。

分析：在日常生活中注重服饰打扮、言谈举止、气质风度、文明礼貌等礼仪，可以给他人留下良好的印象。大学生在求职过程中更要注重礼仪，因为礼仪可以反映出一个人的品德和修养。由于对礼仪知识的缺乏或是对礼仪的不重视，导致求职者求职失败的案例屡见不鲜。在求职过程中，一个仪表出众、懂得礼仪的人，更容易得到他人赏识，获得更多的机会。

任务一 了解面试类型

一、电话面试

出于面试效率、成本等因素的考虑，特别是在用人单位与招聘地点不一致的情况下，对于初步的筛选，用人单位可能会采用电话的方式对求职者进行面试。在求职材料递出后，特别是投递了外地用人单位后，求职者就要随时准备用人单位的电话面试。

电话面试应提前准备好提纲，以从容应答。当然，在正式电话面试前，要将用人单位的名称、岗位，以及自己所感兴趣的职位等信息弄清楚。假如面试人员表示占用时间很短，要自己配合，不要紧张，要厘清思路，先做简短的自我介绍，之后有条不紊地回答提问。

一般对于电话面试，面试人员会首先确认求职简历的真实性。此时，求职者必须冷静快速地回答问题，回答过程中的任何犹豫都有可能给对方造成说谎的印象。因此，最好将简历放在手边，可以看着简历内容回答提问。其次，电话面试人员会针对应聘岗位问一些专业技术方面的问题，如求职者专业技能、对应聘职位的看法。对于这些问题，千万不要慌张，要抓住问题要点，尽量显示自己对专业术语非常熟悉，并能用简短的语言表达清楚，突出重点，不要回答得含糊不清。

电话面试时，如果可能，最好在手边放一些纸和一支笔，记录面试人员的问题要点，以便于回答。在电话面试过程中，不要机械地背诵以前所准备的材料。回答问题时语速不要太快，发音吐字要清晰，表述要简洁、直截了当、充满热情，使得交谈有趣而易于进行，快了反而会弄巧成拙。如果问题没听清楚，要有礼貌地请面试人员重述一次，若有必要，甚至还可以要求面试人员改用其他方式重述其问题，不要不懂装懂，答非所问。

（一）电话面试的基本特点

1. 节省约会安排时间

区别于传统的面对面的面试，电话面试时招聘人员不需要约见求职者，所以在面试上可以节省安排时间，特别在筛选大量应聘求职者时，这一点就显得特别有用、灵活。

2. 节省面试时间与费用成本

电话面试不需要求职者到用人单位进行面对面的面试，不仅可以节省求职者的费用（主要是交通费），而且电话面试的时间一般是几分钟，也能节约双方的时间。

3. 注重求职者的表达能力

在电话面试中，要求注重求职者的口头表达能力。因为没有肢体语言，也没有纸质证明等条件，求职者的口头表达能力就显得特别重要。

4. 对后续面试有重大影响

电话面试一般出现于较大型公司或者求职者离公司较远时。电话面试往往是招聘人员对求职者的第一感觉，对以后能否有第二次面试和笔试等都有相当大的作用。但基于电话面试的条件局限性，用人单位一般只会将其作为初步了解求职者大体情况的工具。

（二）电话面试的主要技巧

电话面试通常是一次性的，如果当时发挥得不好，就没有改错的机会。在电话面试时，应注意以下几点。

1. 良好的通话质量

良好的通话质量是电话面试成功的基础。试想，如果通话质量很差，如手机信号差，双方听到的与表达的就肯定会大打折扣了。另外，周围的噪声也会影响通话的质量，应避免在车站、食堂、街头等地方接听电话，可以选择公园、教室或者宿舍走廊等地方。

2. 流利的自我介绍

电话面试中，最重要的部分就是简短的自我介绍了，一般只有一两分钟的时间。不要提及太多细节的东西，而且避免用时过长，否则会导致面试人员对自己表达的内容抓不住重点。建议先准备一段 50～100 字的自我介绍并背熟，这样等到真有电话面试时就可以马上流利地说出来了。

3. 稳定的心理素质

电话面试不像传统的面试。传统的面试基本上有一定的流程，如先笔试，后面试，而且可以事先根据面试的职位要求进行一定的复习。电话面试通常是在没有任何通知和安排的情况下出现的，对人的心理素质与应变能力的考验相当大，有人会因为突然接到电话而忘记了事先准备的东西。对于个人心理素质和应变能力，平时就需要多加训练。

（三）需要面对的问题

手机不可能时时刻刻都在身边，假如有电话面试来了，但没有接到，怎么办？一般可以采用以下方式补救。

1）根据未接电话，上网查看这个电话来源于哪一家用人单位。

2）确定了是某用人单位后，可以直接回拨此电话，并说明自己刚才没有及时接到电话。

3）如果回拨的是用人单位的总机，可以选择人工服务，让对方帮忙接通人力资源部门的电话，然后反映情况。

4）可以什么都不做，等对方再次打电话给自己，但还是建议采用主动联系用人单位的方式。

二、视频面试

视频面试是指用人单位与求职者利用联通了互联网的计算机，通过视频摄像头和耳麦以语音、视频、文字的方式进行即时沟通和交流的招聘和面试行为。

（一）视频面试的技巧

求职者在进行视频面试时，要特别注意以下几个问题。

1. 设备准备

求职者参加视频面试，在用人单位安排的面试时间前，要提前安装好摄像头、耳机和麦克风等相关设备，并检查计算机、网络、摄像头、耳机、麦克风、灯光等设备的使用情况，以保证视频面试按时、正常进行。如果使用的是音箱，建议不要让麦克风对着音箱，否则会产生回音，二者的距离最好稍远一点。不要让强光直接对着摄像头的镜头，应该采用柔和一点的明亮的灯光。

2. 服饰准备

因为视频面试不能看到求职者更多的姿态、动作，因此求职者的发型、服饰等给面试人员留下的印象更深刻。大学毕业生要尽量做到干净整洁，朴实大方，和谐得体，符合大学生的身份，给面试人员一个良好的印象。调整好摄像头，把自己最具风采的一面展示给面试人员。

3. 谈吐要礼貌

由于视频面试更多的是通过语音聊天来展示自己，因此要特别注意谈吐，要注意口齿清晰，表达有条理。视频过程中有可能出现没有听清的情况或者视频突然中断，要非常有礼貌地解释清楚，其实这个时候求职者的反应也许就会成为面试人员判断的标准。

4. 注意细节

虽然在视频面试过程中不像传统面试那样整个人在面试人员的注意之下，但是面试人员仍然有可能通过求职者的一颦一笑、一举一动来判断其素质。

5. 其他

在面试过程中，眼睛要直视对方，目光游移不定会影响面试官对自己的信赖，要注意口齿清晰，做到思维有条理。

（二）视频面试的作用

1. 提高招聘效率

跨地域的招聘工作，通过视频，可以节省大量的差旅费用。传统的招聘是求职者到达用人单位与用人单位进行面对面沟通，而视频面试可以直接与远方的求职者进行面对面沟通，不会出现因为遥远而放弃面试的情况。视频还可以同步传送图像和声音，使双方能够及时相互了解。

2. 提高求职成功率

由于视频面试可即时将个人图像和声音传送给用人单位，通过视频面谈用人单位对求职者会有更深刻的认识，而且对求职者的了解会进一步加深。视频面试做到了及时了解求职者的优点，因此在做出录用决定时会更快，也就提高了求职者求职成功的效率。

3. 节约成本

越来越多的用人单位和求职者不愿长途跋涉参加各类招聘会，而视频面试通过异地视频就可以让双方达成意向，从而节约求职及招聘的成本。

4. 覆盖面广

视频面试可以轻易地延伸到世界的每一个角落。无论求职者和用人单位在哪个地方，双方都可以通过视频快速进行沟通。视频招聘是一个跨时空的互动过程，对供求双方而言都是主动行为。这种积极的互动，减少了招聘过程中的盲目行为。

三、结构化面试

结构化面试又称标准化面试，它通过设计面试所涉及的内容、试题、评分标准、评分方法、分数等对求职者进行系统的结构化的面试，其主要目的是评估求职者工作能力的高低以及是否能胜任该岗位工作。用人单位会根据岗位的特点确定面试的具体内容模块、测评流程、安排和要求，如面试达到的目的、职位的具体要求等。目前，公务员和外企使用此类面试比较多。

在结构化面试中，主要可分为以下环节：①开场白，主要目的是营造轻松的面试氛围，告诉求职者面试中采用的面试方式；②主要背景回顾；③行为事件回顾；④附加信息咨询；⑤结束面试；⑥评估。其中，行为事件回顾是主要部分，面试人员应认真倾听并做好记录。

结构化面试的设计主要包括四个步骤：①岗位分析；②确定测评要素；③确定面试

试题；④确定考评标准与考评者。

结构化面试内容包括简历筛选标准、价值需求测评、经验问话、文化匹配度行为面试，这也是一个完整的结构化面试的组合。

结构化面试能帮助面试人员发现求职者与招聘职位职业行为相关的各种具体表现，在这个过程中，面试人员可以获得更多有关求职者的职业背景、岗位能力等信息，并且通过这些信息来判断该求职者是否能成功胜任这个职位。因此，进行科学有效的结构化面试，将帮助企业对求职者进行更为准确的个人能力评估，降低企业招聘成本、提升员工绩效。

尽管结构化面试也是通过面试人员与求职者之间的交流来进行的，但从形式到内容上，它都突出了标准化和结构化的特点。例如，结构化面试要求面试题目对报考相同职位的所有求职者应该相同；面试人员的数量至少有2人；典型的结构化面试还要求在对拟任职位进行工作分析的基础上编制面试题目。正因为如此，结构化面试的实施过程更为规范，面试结果也更为客观、公平、有效。

人们对传统面试的一个批评就是：面试人员的提问太随意，想问什么就问什么；同时评价也缺少客观依据，想怎么评就怎么评。正因为如此，传统面试的应用效果并不理想，面试结果通常也很难令人信服，而结构化面试正是在克服传统非结构化面试上述缺陷的基础上产生的。用人单位在对求职者进行面试的时候，一方面应该保证选拔标准必须基于对求职者所需岗位胜任特征水平进行评估，另一方面必须采用系统化、结构化的方法来评价求职者在这些胜任特征上的行为表现水平，以便确保选拔的公平性和科学性。结构化面试能够两方面都兼顾，因此便成为当今最受青睐的面试方法。

四、无领导小组面试

无领导小组面试是一种采用情景模拟的方式对求职者进行集体面试的面试考察方式，它通过给一组求职者一个与工作相关的问题，让求职者进行一定时间的讨论，来检测求职者的组织协调能力、口头表达能力、辩论能力、说服能力、情绪稳定性、处理人际关系的技巧等方面的能力和素质是否达到拟任岗位的要求。无领导小组面试主要出现在国家部委面试，不过也出现在其他地方的公务员面试。

（一）无领导小组面试的特点

1. 优点

无领导小组面试作为一种有效的测评工具，和其他测评工具比较起来，具有以下几个方面的优点。

1）能测试出笔试和单一面试所不能检测出的能力或者素质。

2）能观察到求职者之间的相互作用。

3）能依据求职者的行为特征来对其进行更加全面、合理的评价。

4）能够涉及求职者的多种能力要素和个性特质。

5）能使求职者在相对无意之中暴露自己各个方面的特点，因此预测真实团队中的行为有很高的效度。

6）能使求职者有平等的发挥机会，从而很快地表现出个体上的差异。

7）能节省时间，并且能对竞争同一岗位的求职者的表现进行横向对比。

8）应用范围广，能应用于非技术领域、技术领域、管理领域和其他专业领域等。

2. 缺点

无领导小组面试的缺点如下。

1）对测试题目的要求较高。

2）对求职者的评分技术要求较高，面试人员应该接受专门的培训。

3）对求职者的评价易受面试人员各个方面特别是主观意见的影响（如偏见和误解），从而导致面试人员对求职者的评价结果不一致。

4）求职者有存在做戏、表演或者伪装的可能性。

5）指定角色的随意性，可能导致求职者之间地位的不平等。

6）求职者的经验可以影响其能力的真正表现。

（二）无领导小组面试的评价标准

在无领导小组面试中，面试人员评价的标准主要包括以下几个方面。

1）参与有效发言次数的多少。

2）是否善于提出新的见解和方案。

3）是否敢于发表不同的意见，支持或肯定别人的意见，在坚持自己正确意见的基础上根据别人的意见发表自己的观点。

4）是否善于消除紧张气氛，说服别人，调解争议，创造一个使不大开口的人也想发言的气氛，把众人的意见引向一致。

5）是否能倾听别人的意见，是否尊重别人，是否侵犯他人发言权。

此外，还要考察求职者的语言表达能力，分析能力、概括和归纳总结不同意见的能力，以及发言的主动性、反应的灵敏性等。

（三）无领导小组面试的技巧

1. 发言要积极、主动

抢先亮出自己的观点，不仅可以给面试人员留下较深的印象，还有可能引导和左右其他求职者的思想和见解，将他们的注意力吸引到自己的思想和观点上来，从而争取充当小组中的领导角色。

2. 要努力在小组中奠定良好的人际关系基础

要尊重队友的观点，友善待人，不要恶语相向。为了过分表现自己，对对方观点无端攻击、横加指责会得到整个小组的厌恶。没有一个面试人员会喜欢一个不重视合作、没有团队意识的人。

3. 要把握住说服对方的机会

试图说服对方的时候要看好时机，不要在对方情绪激动的时候力图使他改变观点，要找到与对方言语中共同的观点，引申出自己的观点，尽量能够说到点子上，这样可以起到一鸣惊人的效果。

4. 要注意讲话的技巧，言辞要真诚可信

发言的时候能够设身处地地站在对方立场上考虑问题，理解对方的观点，在此基础上，找出彼此的共同点，引导对方接受自己的观点。整个过程中态度要诚恳，以对问题更深入的分析、更充分的证据来说服对方。

5. 要抓住问题的实质，言简意赅

任何语言的攻击力和威慑力，归根到底来自语言的真理性和鲜明性。切记一定要提前做准备，再高明的发言者，其精彩的发言都不是信手拈来的，都需要提前准备和思考。

6. 要努力充当讨论小组的领导者

最好能找机会成为小组讨论的总结者，以展示自己引导讨论及总结的才能。使自己处于讨论的中心，无形中使自己成为领导者的角色，自然就能为面试成功增加筹码。

7. 拒绝接受对方的提议时要采取一定的交谈战术

当对方提出一种观点，而自己不赞成时，可先肯定对方的说法，再转折一下，最后予以否定。虽然最终是转折了，但这样柔和地叙述反对意见，对方较易接受。

8. 要多摆事实，讲道理

在辩论中要多想办法摆事实、讲道理，让自己的发言有效、有说服力。道理一定要讲得生动、深刻，还要有很强的说服力。多接触这方面的讨论题目，多将自己置身于具体的话题中去思考应对的策略。这样日积月累，就能得到丰富的经验。

9. 切忌使用外语和方言，发言需顾及谈话对象

外语和方言有时候能显现出求职者的某种能力，有时候能体现出幽默。但是假如有人听不懂，那就最好别用，不然就会使他人感到是故意卖弄学问或有意不让他听懂。

10. 要广泛吸收别人的语言精华

谈话的时候广泛吸收别人的语言精华，这其实是"后发制人"的策略。在讨论开始后，不急于表达自己的看法，而是仔细倾听别人的发言，从中捕捉某些对自己有用的信息，通过取人之长来补己之短。

11. 要照顾发言较少的参与者

谈话时要考虑周到，照顾发言较少的参与者。要体现团队精神，让团队所有人员都参与到讨论中。如果有机会，可以请发言较少的人谈谈自己的看法。

12. 不要失礼、失态，忌恼羞成怒、得理不让人

谈话的时候要温文尔雅，不要讽刺谩骂，不能高声辩论。如果别人不同意自己的观点，不要恼羞成怒，应心平气和地与之讨论。即使觉得自己发挥良好，也不要扬扬自得，应保持谦虚慎重。

13. 要注意自己的体态

适当的动作是必要的，但不尊重别人的举动不应出现。

14. 注意倾听，全神贯注，切忌打断他人讲话

听别人讲话的时候不可东张西望或显出不耐烦的表情，特别注意不要不停地看自己的手表。既然倾听，就应当表现出对他人谈话内容的兴趣，而不必介意其他无关大局的地方。

近几年来，无领导小组面试得到越来越多用人单位的认可，无论是公务员面试还是外企面试都倾向于用这种方法。无领导小组面试为求职者提供了一个充分展现个人才能与人格特征的舞台，这类面试对求职者而言其实更有利，在既定情景下，通过对问题的分析、论述，给面试人员留下良好的印象，从而在千军万马的竞争中脱颖而出，迈进成功的大门。

五、情景模拟面试

情景模拟面试是指用人单位设置一定的模拟场景，要求求职者扮演某一角色并进入

角色情景中，去处理各种事务及各种问题，面试人员通过观察和记录求职者在情景中所表现出来的行为来测评其素质潜能，看其是否能适应或胜任工作。

情景模拟面试主要考察求职者的思维灵活性与敏捷性、语言表达能力、沟通技能、处理冲突的能力、组织协调能力、人际关系处理能力等。总体上看，情景模拟面试是一种低成本但很有效的模拟工作相关事件的面试方法。

（一）情景模拟面试的特点

1. 针对性

由于模拟测试的环境是拟招聘岗位或近似拟招聘岗位的环境，测试内容又是拟招聘岗位的某项实际工作，因而具有较强的针对性。例如，某市财政局在模拟测试中，给了求职者有关财务资料，要求求职者据此写出一份财务分析报告，内容包括数据计算、综合分析、个人的观点、意见和建议。上述模拟测试就是针对财政工作和审计工作的需要以及现实中的相关问题设计的。实际上，情景模拟和拟招聘岗位具有很强的匹配性，因而具有极强的针对性。

2. 直接性

在结构化面试中，求职者容易陷入消极被动的境地，消极地接受面试人员的提问，被动地思考和回答问题，在这种情况下，求职者实际上是在机械地回答问题，而不是就问题发表自己的观点与想法，在一定程度上不能充分地检测求职者的基本素质是否符合职位与岗位的要求。情景模拟面试则将求职者在考场上所扮演的角色，强行由消极被动接受向积极主动转变，使求职者在考场上再也不能视自己为面试的附属品，而是面试的主角。例如，在招考秘书的情景模拟面试中，某市委宣传部将一篇成文信息抽取观点、颠倒次序后，由一位面试人员语无伦次地进行口头叙述，让求职者记录并据此写出一份"简报"。又如，某市市检察院用中速放了一名犯罪分子的犯罪证词录音，要求求职者做笔录，并据此撰写"起诉状"，还放了一个举报电话录音，让求职者当即处理。这样的测试，不仅测试内容与拟招聘岗位业务有直接关系，而且能够使面试人员直接观察求职者的工作情况，直接了解求职者的基本素质和能力，所以更具有直接性。

3. 可信性

由于情景模拟面试接近实际，考察的重点是求职者分析和解决实际工作问题的能力，加之这种方式又便于面试人员根据自己丰富的工作经验观察、了解求职者是否具备拟任岗位职务的素质，因此情景模拟面试比笔试和其他面试形式更具有可信性。例如，某市广播电视局在招聘编辑、记者时，组织求职者参观了该市无线电一厂生产车间，做了一次模拟的记者招待会，在听取了厂长对工厂基本情况的介绍之后，由求职者扮演记者的角色，现场向厂长提问，招待会结束之后，各求职者根据自己的"采访记录"分别撰写新闻综述和工作通讯。通过这种测试，观察了解求职者是否具备编辑、记者的基本素质是十分可靠的。

此外，情景模拟面试由多个面试人员分别对求职者给予评价，减少了因求职者水平发挥不正常或个别面试人员的评价偏差而导致的测评结果失真。每项测试后，请求职者说明测试时的想法以及处理问题的理由。在此基础上，面试人员进一步评定求职者处理实际问题的能力和技巧，使评价结果的可靠性大大增加。

4. 动态性

如果说结构化面试还存在静态考试的弊端，那么情景模拟面试往往会将求职者置于动态的模拟工作情景中，模拟实际管理工作中瞬息万变的情况，不断对求职者发出各种随机变化的信息，要求求职者在一定时间和一定情景压力下做出决策，在动态环境中充分展示自己的能力和素质。

5. 预测性

情景模拟面试具有识才于未显之时的功能，模拟的工作环境为尚未进入这一层次的人员提供了一个发挥其才能与潜力的机会，对求职者的素质和能力具有一定的预测作用。同时，测评中心集测评与培训功能于一体，为准确预测求职者的发展前途，并有重点地进行培养训练提供了较为有效的方法和途径。

（二）情景模拟面试的策略

1. 进行职位调研

所谓"知彼知己，百战不殆"。情景模拟面试的场景通常是工作中的一些问题，所以求职者一定要做好职位调研，提前了解报考职位的岗位职责、工作内容、相关法律法规等，做到心中有数，这样在面试中遇到工作场景的问题才不会无的放矢。

2. 消除紧张情绪

在面试时，紧张是在所难免的，而情景模拟面试又将求职者置身于一个矛盾重重、困难重重的环境中，因此更容易引起求职者的紧张。适度紧张是必要的，但是过分紧张必然会影响求职者的表现，毕竟面试人员要观察求职者的行为表现。

消除紧张的办法两个：一是要对这类题目的答题思路和方法非常熟悉；二是要多加练习，从心理学角度而言，人们通常对陌生的东西感到恐惧继而带来紧张，所以如果反复地练习，提高对该类型题目的熟悉程度，就可以消减紧张情绪。

3. 熟悉解题思路

情景模拟面试的场景通常是工作情境中的一系列人际关系和工作问题，故解决人际关系问题是很重要的一部分内容。所以要熟练掌握沟通协调类题目的解题思路，有了这个基础，应对情景模拟就容易得多。

4. 角色入戏

很多求职者认为情景模拟题较难，其实很大的难度在于求职者无法进入角色，常常是会"说"，不会"做"。

例如，有如下情景："你单位一位老同志最近经常占用公家电话打私人电话，群众的电话打不进来，问题得不到解决，领导让你去和老同志交谈（面试人员就是这位老同志）。"求职者往往会说应该怎么做，但是难以进入角色，把面试人员当作老同志，现场表演自己的做法。所以在备考过程中，一定要多加练习，提高自己进入角色的适应度。

六、压力面试

某些特定岗位会设置压力面试，往往是因为该岗位的工作需要应对类似的压力，如果自己的性格不能很好地适应这种压力，最好调换求职意向。另外，在应对压力面试时，求职者心中应该明白该面试的目的，知道面试人员是对事不对人，他们的挑剔只是想看看求职者的反应，自己应该以从容自信的态度、友善机智的言语来应对面试人员提到的问题。

面试是求职应聘中的重要环节，是一种科学的人事测评手段。通过面试人员与求职者面对面的信息沟通和行为交流，来考察求职者具备的知识、能力、品质、经验等条件是否与岗位相匹配。用人单位采用的面试形式越来越丰富，面试流程也越来越复杂，其目的是提高面试筛选的准确度和效率，降低招聘成本。对于应届大学毕业生来说，有必要了解用人单位招聘的面试形式和面试流程，结合自身的实际情况做好面试准备，以便在面试中灵活应对，展现出自己的最佳状态，助力求职应聘成功。

💬 课堂互动

自我介绍训练

1. 活动目的

了解自我介绍在面试中的重要性，做好充分准备；通过模拟训练，掌握自我介绍的技巧，提升面试自信心。

2. 活动步骤及说明

1）学生结合给出的招聘背景信息，分析自身优势。

2）给学生 5 分钟时间整理发言思路。

3）学生上台做面试自我介绍（有条件的话，可录像）。

4）让其他学生打分评价。

5）教师点评总结。

6）学生反思与改进练习：我的"故事"是否有趣？它令人信服吗？还有什么需要补充的？如何使我的回答变得更好？

自我介绍建议思路如下。

面试环节中的自我介绍，重点是要告诉面试人员自己如何适合这个工作岗位。

首先报出自己的姓名和身份，然后简单地介绍一下学历、工作经历等个人基本情况，再自然地过渡到一两个自己学习或实习期间圆满完成的事件，以实例来形象地、明晰地说明自己的经验与能力，突出自己的优点。例如，在学校担任学生干部时成功组织的活动；或者如何投入到社会实践中，利用自己的专长为社会公众服务；或者自己在专业上取得的重要成绩以及出色的学术成就。最后要着重结合职业理想说明应聘这个职位的原因。可以谈对用人单位或职位的认识，说明选择这个单位或职位的强烈愿望；还可以谈如果被录取，将怎样尽职尽责地工作，并不断根据需要完善和发展自己。

自我介绍注意事项如下：眼神要坚毅，要敢于与人直视，不要翻白眼与左顾右盼等；面带微笑，微笑能让人感觉愉悦，体现求职者的自信和放松；声音大而稳，语速中等；普通话要标准，吐字要清晰，忌用方言；避免情绪起伏波动，以免产生负面影响；开始与结束时注意个人礼貌和基本修养；时间控制在 2～3 分钟为宜。

3. 活动总结

自我介绍一定要短而有力，一般在 3 分钟以内，不可照着简历读，也不能死记硬背，要表现得落落大方，与面试人员沟通时要不卑不亢。求职者表现出的状态会给面试人员留下非常重要的第一印象，所以自我介绍要提炼自己的核心特质和竞争力。自我介绍做得好，面试基本上也就成功了一半。自我介绍要真实，面试人员一般都会根据简历上的内容来核对。

学习反馈

无领导小组面试模拟题

在 9 月下旬的某一天，你所乘坐的巨型客轮正在太平洋上航行，忽然遇上风暴，客轮翻沉，你和另外 8 名乘客漂流到一个荒岛上，其中，5 位是男性，4 位是女性。现在你们并不知道自己所处的位置，对岛上的情况也不了解，不知道岛上有什么人或动物，岛上的植物看起来都很奇怪。眼前一片汪洋大海，不知何时会有人来救你们。现在你们每人有一件救生衣、一副太阳眼镜、一条小毛巾，身上穿的衣服都比较薄，随身携带的物品有钱和钥匙。此外，你们还共同拥有一个打火机、一把瑞士军刀、一本航海地图册、一个指南针、几件厚衣服、一大块塑料布、一块手表、15 千克的水、5 袋饼干、一瓶盐、一面镜子、一些粗绳子。

请对这些物品的重要性进行排序并说明理由。

任务二　熟悉面试礼仪

一、面试现场的礼仪

（一）入座

面试中，求职者的一举一动都在面试人员的注意之下，端正得体的坐姿会给人文雅稳重、自然大方的美感，给面试人员留下良好的印象。面试中的坐姿不仅能体现求职者的精神状态，还能看出求职者对面试的重视程度，是一种无声胜有声的表达。

面试过程中常见的坐姿有三种。第一种是正襟危坐式。上身与大腿呈直角，大腿与小腿呈直角，小腿垂直于地面，双膝、双脚完全并拢。第二种是垂腿开膝式，多为男性所使用，也较为正规。要求上身与大腿、大腿与小腿皆成直角，小腿垂直地面，双膝分开，但不得超过肩宽。第三种是双腿叠放式。它适合穿裙子的女士采用，造型极为优雅，有一种大方高贵之感。要求将双腿完全地一上一下交叠在一起，交叠后的两腿之间没有任何缝隙，犹如一条直线，双腿斜放于一侧，斜放后的腿部与地面呈45°，叠放在上的脚尖垂向地面。

进行坐姿演练，共分为三步。

第一步，入座时要轻而缓，不要发出任何嘈杂的声音。面试过程中，身体不要随意扭动，双手不应有多余的动作，双腿不可反复抖动，避免引起面试人员的反感，显得求职者傲慢或礼貌欠佳。

第二步，坐稳后，身子一般占座位的 2/3，背部挺直，两脚自然放好，面带微笑，保持自然放松。

第三步，身体微微前倾，在回答问题的时候，身体可以微微前倾，增加与面试人员的互动感。如果发现面试人员身体前倾，说明他对求职者正在叙述的内容很感兴趣，这时候求职者可以就当前讲述的要点或内容进行扩充。

得体的坐姿，在面试过程中会成为求职者的加分项，所以大学生在日常生活当中应按照正确的坐姿就座，这样在面试时就可以做到坐姿端庄稳重，给面试人员留下自然大方的印象。

（二）着装

面试时要选择正装，而且尽量以深色系为主。从着装上来说，男士的衣服最好以西服、运动休闲装为主，全身的色彩搭配不要超过三种，以达到最佳的视觉效果。女士最好穿过膝的半身裙或者裤装，颜色以淡雅为宜，并保持鞋面和衣物的整洁。

（三）眼神

面试中眼神的停留很重要，求职者的目光应当停留在面试人员鼻梁与眉心的过渡处，或者从眼睛至下巴之间的区域，这样显得自信、真诚。另外，求职者的目光应尽量保持稳定的停留和流转，以停留在面试人员身上 15 秒为佳，随后自然地转换到其他的事物上，并在这二者之间流转。

（四）动作

求职者在进门后不要着急关门，应当在向面试人员问好并得到入座的邀请后再关门，随后走到椅子前坐下。

起身离去时，求职者应当起身并向右后方后退半步，再向后倒退两至三步后转身离去。

（五）自我介绍的分寸

当面试人员要求求职者作自我介绍时，不用像背书似的把简历上的内容再说一遍，那样只会令面试人员觉得乏味。用舒缓的语气将简历中的重点内容稍加说明即可，如姓名、毕业学校、专业、特长等。当面试人员想深入了解某一方面时，再做介绍。用简洁有力的话回答面试人员的提问，效果会更好。

（六）回答问题的礼节

保持积极自信的心态，是面试中智慧语言不断迸发的前提。面试时，讲话要充满自信。回答问题时尽量详细，要按面试人员提供的话题进行交谈。一般情况下，应该有问必答。当面试人员提出的问题令自己感到受冒犯或者与工作无关时，可以有礼貌地回问为什么问这样的问题，或者委婉地回答："对不起，我不知道这个问题与我应聘的职位有什么关系，我能不能暂时先不回答这个问题？"千万不要很生硬地拒绝："我不能回答这样不礼貌的问题。"或者回答："怎么问这么不礼貌的问题？"此时此刻，不能意气用事，或者表现得不礼貌、不冷静。拒绝是可以的，但口气和态度一定要婉转、温和。

（七）离开的礼节

面试完后，要礼貌起身。起立的动作最重要的是稳重、安静、自然，不能发出任何声音。入座通常由左边进入座位，起立时可由左边退出。一般坐椅子时，有上座的专门规定，进入房间可由左边开始坐，站立时也要站在椅子的左边，无论是就座还是起身都不要发出任何声音。

（八）注意细枝末节

一些在平时可以有的动作、行为出现在面试中是不礼貌的，它们会被面试人员作为评判的内容，进而影响自己的录用。注意站正坐直，不要弯腰低头；双手放在适当的位置，并要安稳，不要做些玩弄领带、掏耳朵、挖鼻孔、抚弄头发、玩弄面试人员递过来的名片等多余的动作；禁止不停地晃动腿、把腿翘起来等；随身携带的公文包或皮包，不要挂在椅子背上，可以把它放在自己坐的椅子旁边或背后。

二、面试中的仪态礼仪

仪态也叫仪姿、姿态，泛指人们身体所呈现出的各种姿态，它包括举止动作、神态表情和相对静止的体态。仪态是表现个人涵养的一面镜子，也是构成一个人外在美好的主要因素。仪态礼仪主要表现在站姿、坐姿、蹲姿、行姿以及肢体语言、表情等。参加面试前要适度修饰仪容，清洁头发，发型适度，符合身份。面试人员对求职者的评价往往开始于对求职者的仪态表现、言谈举止的观察和概括。

（一）表情

面试时，最常用和最富有表现力的表情就是目光和微笑。

1. 目光

眼睛是心灵的窗口，眼睛能在很大程度上反映一个人的内心世界。在面试中，正确的注视方式应该是望着对方额头的上方，在交流时要有自然的视线接触，目光应是坦然、亲切、和蔼、有神的。一般情况下，与他人相处时，不宜注视其头顶、大腿、脚部与手部，或是"目中无人"。尽量不要直射对方眼睛，否则会让对方误以为你在向他表达不信任、审视和抗议，也不能虚视（目光游离）。

2. 微笑

微笑是人际交往的魔力开关，是广交朋友、化解矛盾的有效手段。面试时要面带微笑，亲切和蔼，谦虚坦诚，有问必答。这既是自信的表现，又可以消除紧张情绪。得体的微笑要恰到好处，不出声，含而不露。在微笑时，不仅口在笑，眼也要笑，还要做到精神饱满。

（二）手势

在回答面试人员的问题时，可适当地配合一些手势讲解，但不要频繁耸肩或手舞足蹈。有些求职者由于过分紧张，双手不知道该放在哪儿，而有些求职者又过于兴奋，在说话时舞动双手，这些都不可取。应避免有太多小动作，这是不成熟的表现。面对较难回答的问题时，切忌抓耳挠腮或用手捂嘴说话，这样会显得求职者很紧张，不专心交谈。

（三）体姿

体姿是指人在行为中表现出来的姿势，主要包括站姿、坐姿、行姿、蹲姿等。"站如松，坐如钟，走如风，卧如弓"是中国传统礼仪的要求，在当今社会中已被赋予了更丰富的含义。

1. 站姿

优美、典雅的站姿是发展人的不同动态美的基础和起点。标准的站姿要求头正、肩平、臂垂、躯挺、腿并，身体重心主要支撑于脚掌、脚弓上，从侧面看，头部、肩部、上体与下肢应在一条垂直线上。

2. 坐姿

规范的坐姿能给面试人员留下良好的第一印象。椅子适宜坐满 2/3，将右脚与左脚并排自然摆放。女士入座时，若着裙装，应用手将裙子稍微拢一下，不要等坐下后再重新站起来整理衣裙。坐定后，腰部挺起，上身保持正直，头部保持平稳，两眼平视，下颌微收，把手自然地放于膝上。男士两腿可自然分开，间隔一个拳头的距离，女士则应双腿并拢，不留缝隙。不要紧贴着椅背坐或只坐在椅边，否则会显得过于放松或过于紧张。

3. 行姿

正确的行姿是抬头、挺胸、收腹，肩膀往后垂，手要轻轻地放在两边，轻轻地摆动，步伐也要轻轻地，不能够拖泥带水。

4. 蹲姿

正确的蹲姿是弯下膝盖，两个膝盖并起来，不应该分开，臀部向下，上体保持直线，这样的蹲姿就典雅优美了。

三、面试其他方面的礼仪

（一）电梯里与招聘人员相遇的礼仪

电梯里的行为举止也有可能成为面试的一部分，前往和离开用人单位的时候应该格外注意以下细节问题。

1）离开用人单位时，如果恰巧与招聘人员乘坐同一部电梯，要主动与招聘人员打招呼，保持自然的微笑和得体的举止。

2）电梯间空间比较小，讲话时最好不要指手画脚，磕碰到别人是不得体的。

3）如果招聘人员明显不想讲话，也没必要找话题与对方寒暄。没有说话的时候，向对方报以微笑即可。

4）与招聘人员在同一层下电梯时，让招聘人员先走，并与其道别。

（二）招聘人员念错自己的名字时的礼仪

遇到招聘人员念错自己的名字时，可以善意地提示招聘人员，但不要直接反驳或故意强调是招聘人员的错误，否则会让对方非常尴尬。可以小声答应，默默地进去面试。等到做自我介绍时，招聘人员自然就知道念错了名字。更高明的化解方式是开玩笑地说很喜欢招聘人员念的那个字，只是换名字太麻烦了。

如果自己的名字大多数人会念错，在正式面试时，不妨进行简单的自我介绍。不要让一个生僻字成为阻挡自己面试成功的绊脚石。

（三）动态礼仪

动态礼仪更多体现在求职者的言谈和举止上面，它显示的是求职者的气质。在面试中，求职者要向面试人员展示其成熟、从容不迫的气质，而非呆萌天真的一面。有些女生喜欢撒娇卖萌，有些男生则表现为大男子主义，这都是不符合面试礼仪的。

1. 语言明快

在与面试人员交流时，有些求职者会战战兢兢，生怕自己说错或者暴露自己的缺点而不敢说，这是面试中的大忌。求职者应该抱着不卑不亢的心态说话，这是一个双向选择的过程，沟通中声音要尽量洪亮，语言要干脆利落，突出重点。

2. 举止大方

面试过程中大部分求职者会出现紧张的情况，这时候就会有不少求职者出现小动作，如抠手，不敢直视面试人员，这本身就是求职者不自信的表现。还有一些求职者由于之前从来没有接触过正式的面试，表现得过于随意，如答题中频繁转笔，频繁眨眼，坐着的时候跷二郎腿、抖腿等，这些都是不允许的。所以求职者在面试之前要加强锻炼肢体动作，做到举止大方。

💬 课堂互动

面试礼仪训练

1. 活动目的

能够灵活地使用各种身体语言，激发对行为礼仪的正确认识，提高礼仪修养。

2. 活动步骤及说明

1）以班级为单位，将全体学生分为若干个小组，每个小组以 6～10 人为宜。
2）小组互评。每组选出成员展示面试中的站姿、坐姿、行姿。其他组的成员根据下面的标准对展示小组成员进行点评、指正。然后互换角色，各组轮流进行。
① 规范的站姿。
具体要求：站立端正、自然、稳重、亲切、精神饱满。
种类：分腿站姿、丁字步站姿、扇形站姿（小八字位）。
② 端庄的坐姿。
具体要求：端正稳重、自然亲切、文雅自如。
③ 稳健的行姿。
具体要求：头正、肩平、躯挺、步位直、步速平稳。

3. 活动总结

面试，在很多情况下是求职者与面试人员最直接的"短兵相接"，所以，求职者的一举一动、一言一行，都让面试人员尽收眼底。礼仪是个人素质的一种外在表现形式，面试礼仪是面试制胜的法宝。面试礼仪包括很多方面，如果对礼仪知识知之甚少或忽视礼仪的作用，在任何一个方面出现纰漏，都有可能被淘汰出局，造成面试失败。

📖 学习反馈

面试礼仪自我检视

1. 面试准备

1）头发干净自然，若要染发，则应注意颜色和发型不可太标新立异。
2）服饰大方、整齐、合身。男女皆以时尚大方的套服为宜。
3）面试前一天修剪指甲。
4）不要佩戴标新立异的装饰物。
5）选择平时习惯穿的皮鞋，出门前一定要清洁擦拭。

2. 面试过程

1）任何情况下都要注意进房先敲门。
2）待人态度从容，有礼貌。
3）眼睛平视，面带微笑。
4）说话清晰，音量适中。
5）神情专注，切忌边说话边整理头发。
6）手势不宜过多，需要时适度配合。
7）进入面谈办公室前，可以嚼一片口香糖，消除口气，缓和、稳定紧张的情绪。

3. 面试结束

1）礼貌地与面试人员握手并致谢。
2）轻声起立并将座椅轻轻推至原位置。
3）出用人单位大门时对接待人员表示感谢。
面试中处处都能体现一个人的礼仪，请从细节方面补充上述三个阶段的面试礼仪。

_____

_____

_____

_____

任务三　掌握面试与笔试技巧

一、面试技巧

成功的面试是求职者能够得到一份工作的关键。为了能在较短的时间内成功地推销自己，求职者除了要以自己的专业知识、能力和才华打动面试人员外，还应在求职面试过程中适当应用一些技巧。

（一）取得面试成功的要则

想要面试成功，除了做好必要的求职前的准备工作，还应掌握取得面试成功的相关要则，这样才会取得事半功倍的效果。

1. 肢体语言的重要性

保持良好的仪态，不要显示出拘谨的样子。

2. 讲话要坦率自信

重点介绍自己所取得的重大成绩，但也要避免自吹自擂或夸大其词。

3. 坚持真我本色

不要刻意伪装自己，不要做作，因为这样做是很难成功的。

4. 保持积极热情的态度

在面试人员介绍公司、求职岗位的情况，将面临的挑战以及存在的问题时，要表现出极大的热情，这是非常重要的。

5. 不要怕停顿

当碰到一个需要经过认真思考才能回答的问题时，不要急着很快给予答复，仔细地想一想自己应该怎么回答。这样的停顿表示自己对面试人员提出的问题很重视，这也同样可以在某种程度上表明自己的自信和成熟。

6. 敢作敢当

敢于承认自己工作经历中负面的东西，不要否认，而是勇于承认不足并想办法将其转变成有利于自己的东西。这样能表明自己是如何因为这一不足而促使自己去做出积极的改变或努力去弥补的。

7. 将面试的压力最小化

有些面试人员认为，了解求职者如何应付压力，将有助于全面了解一个人，因此他们往往会在面试中故意给求职者制造一些压力。

（二）语言表达技巧

在面试场上，求职者的语言表达艺术标志着他的综合素养和成熟程度。对求职者来说，掌握语言表达的技巧无疑是很重要的。准确、灵活、恰当的口语表达是面试成功的关键。因此，要掌握以下语言表达技巧的运用。

1. 口齿清晰，语言流利

交谈时要注意发音准确，吐字清晰，还要注意控制说话的语速。为了增添语言的魅力，应注意修辞，忌用口头禅。

2. 语气平和，音量适中

面试时要注意语言、语调、语气的正确运用。打招呼时宜用上语调，加重语气并带拖音，以引起对方的注意；自我介绍时，最好多用平缓的陈述语气，声音过大令人厌烦，声音过小则难以听清。音量的大小要根据面试现场情况而定。

3. 语言要含蓄、机智、幽默

说话时除了表达清晰外，还可以适当穿插一些幽默的语言，这样可使谈话气氛愉悦，也能展示自己的优越气质和从容风度。尤其是遇到难以回答的问题时，机智幽默的语言会显示自己的聪明智慧，有助于化险为夷，并给面试人员留下良好印象。

4. 注意面试人员的反应

求职面试不同于演讲，交谈中应随时注意面试人员的反应。例如，面试人员心不在焉，表示可能对自己的表达没有兴趣，此时应设法转移话题；侧耳倾听，可能说明自己音量过小使对方难于听清；皱眉、摆头可能表示自己言语有不当之处。要根据对方的这些反应，适时地调整自己的语言、语调、音量和陈述内容等。

（三）倾听技巧

注意倾听是一种重要的信息交流的技巧。面试的实质就是面试人员与求职者进行信息交流从而获得全面评价的过程，形式上充分体现在说和听上。正确有效的倾听不仅仅是听清面试人员说什么，更重要的是要听懂面试人员说什么。只有做到了听懂，才能根据面试人员的意思给出满意的答案。那么求职者该怎样倾听，才能做到有效地倾听呢？以下是一些倾听技巧。

1. 耐心倾听

一些求职者在面试中表现得过于积极，当面试人员提到一些自己非常熟悉且简单的话题时，没等面试人员说完，求职者就打断面试人员的话，断章取义地进行解读。这是非常不礼貌的行为，是对面试人员的不尊重。打断面试人员的话，说明求职者不愿意继续听他说话，对于这种行为，面试人员是很难容忍的。

还有一些求职者小心翼翼地通过了专业知识的问答环节，在面试接近尾声时，得到了面试人员的正面评价，心里就暗自窃喜，于是开始憧憬未来的打算，一不小心就分了神，面试人员再说什么就没注意到。这被面试人员看在眼里，往往会让他觉得很不舒服，也会对求职者有不好的印象，对求职者最后的评分也就会大打折扣。

2. 仔细聆听

体现求职者专心致志地倾听的最好办法就是积极与面试人员配合，对面试人员所提出的观点表示赞同或者提出自己的意见，还可以就面试人员提出的问题进行提问。从求职者这样的举动中，面试人员可以清楚地知道求职者在仔细地听他说的话，没有漏掉任何一句。

3. 用心倾听

用心倾听是听懂面试人员问题的最好方法。在听面试人员提问的时候，要始终全神贯注，保持饱满的精神状态，专心致志地注视着对方。同时，将面试人员所说的每一句话都仔细地在脑海中回放一遍，善于从中发现和提炼出问题的实质。

4. 注意细节

除了上述三种倾听时的态度外，还应注意在倾听过程中的一些细节问题。

1）不仅要倾听面试人员所说的事实内容，还要留意他所表现的情绪，并加以捕捉。注意面试人员尽量避而不谈的某些方面，这些方面可能正是问题的关键所在。

2）在谈话中间，避免直接的质疑和反驳，让面试人员畅所欲言，即使有问题，也应留到稍后再来查证。此时重要的是获知面试人员的真实想法。

3）遇到自己确实想多知道的一些事情时，不妨重复面试人员所说的要点，请他做进一步的解释。

4）关注中心问题，不要思维混乱。

5）不要过早地做出结论和判断。

6）尽量忽视周围环境中让自己不舒服的东西。

7）注意面试人员的非语言信息，如肢体、表情等。

8）听到困难而复杂的信息时不要害怕。面试录用的原则是优胜劣汰，对自己来说复杂困难的信息对别人来讲可能更为复杂困难。困难既是对自己的考验，又是自己脱颖而出的机会，一定要保持镇静和自信，尽最大的努力去想办法。

（四）问答技巧

问答技巧包括应答技巧和提问技巧两方面。面试中求职者主要是以回答面试人员的提问来接受测评的。同时，求职者有时也会主动向面试人员提出一些问题，以体现自己的整体素质。

1. 应答的技巧

面试过程中，面试人员会向求职者提出各种问题，而求职者的回答将成为面试人员考虑是否接受求职者的重要依据。下面总结了几点应答技巧，帮助求职者从这些技巧中悟出面试的规律及回答问题的思维方式，达到活学活用的效果。

（1）先说论点后说依据

求职者在回答问题时，要考虑自己所说内容的结构，用尽可能短的时间组织好说话的顺序。一般来说，回答一个问题时，首先提出自己对问题的基本观点，然后逐一用资料来论证、解释。

（2）扬长避短

每个人都有自己的优势和劣势，如何在有限的时间内充分体现自己的优势，扬长避短，显示潜力，是一种艺术。当然，扬长避短，既不是瞒天过海，更不是弄虚作假，而是一种灵活性与掩饰性技巧的体现。

（3）举例

在实际面试中，可以适当举些例子，在做到语言美的基础上，运用语言表达的技巧对面试人员的问题进一步作答，这在整个面试过程中具有决定性的作用。有道是"事实胜于雄辩"，适当举例会使自己的观点得到更加充分的论证。

用人单位最反感的就是求职者弄虚作假，即便能力有限，成绩不突出，只要是实事求是的求职者，经过专业培训，也能成为可造之才。反之，在面试时就瞒天过海，耍心眼，又怎么可能被用人单位录用呢？

2. 提问的技巧

在面试过程中，除了要回答面试人员的问题外，求职者向面试人员提问也是必不可少的环节。当然，在提问这一环节上也应注意方式方法，否则很有可能让所有的努力付诸东流。

（1）提出的问题要视面试人员的身份而定

如果想了解用人单位共有多少人、组织架构、主要业务等方面的问题，就不要向一般工作人员提问，而要向单位负责人提问。

（2）把握提问的时间

要把不同的问题安排在面试进程的不同阶段提出，有的问题可在面试一开始就提出，有的可以在面试过程中提出，有的则应放在快结束时再提。

（3）注意提问的方式、语气

有些问题，可以直截了当地提出来，如用人单位的岗位设置。有些问题则要提得婉转且含蓄一点，如了解用人单位员工收入情况和自己应聘成功后每月收入多少等。此外，在提问时，一定要注意语气，要给人一种诚挚、谦逊的感觉，千万不要用质问的语气，否则会引起反感。

（4）不提模棱两可、似是而非的问题

特别是涉及职业、专业有关的问题，一定要确切，不能不懂装懂，提出幼稚可笑的问题。在求职者提问的过程中，面试人员可以看出提问者的知识水平、思维方式、个人价值观等。

二、笔试技巧

（一）常见笔试的类型

笔试是用人单位在招聘初期常用的一种选拔方式。通常用人单位经过简历初选后会联系求职者参加笔试，笔试通过后才会开始面试。通过笔试，可以选拔出在专业知识上具有较强竞争力的求职者，同时也能从笔试中看出求职者是否与企业文化相适应并具有企业所希望看到的思维方式及较强的工作能力。

笔试具有面试不具备的优势：一是笔试效率高，可以在短时间内完成大量人员的测评；二是笔试中对专业能力的考核很难在面试中实现，包括对阅读能力、文书写作能力的考核等。对于大多数在专业技术方面要求较高的岗位，笔试是不可或缺的。用人单位为了实现高效选拔人才的目标，通常会依据实际情况选择不同的笔试类型。依据考题内容的不同，笔试的类型主要可分为专业技术类、智商测试类、心理测评类和综合能力测试类等四类，具体如表 4-1 所示。

表 4-1　笔试的类型

笔试类型	考查目的
专业技术类	考查求职者在专业方面的知识水平和应用能力，考试题目涉及岗位主要技术层面的问题。研发和技术型岗位一般会参考这类笔试的成绩
智商测试类	选拔能快速学习新知识的员工，题目形式有计算和图形识别等
心理测评类	通过心理问卷进行测评，根据完成情况可以分析出求职者的心理情况。心理测评的范围较为广泛，可以对个性、态度、兴趣、动机、智力、意志等心理因素进行分析。通过这种分析，用人单位可以比较准确地把握求职者内在的素质和心理倾向，对于判断求职者与岗位的匹配程度有很大的帮助
综合能力测试类	能够全方位考查求职者的综合素质，其中包含智力测试的内容，考试难度较大，一般涵盖如下几个方面：①简单的数理分析；②对于知识的考查，主要包括常识性问题和时事方面的内容；③语言理解和表达能力

（二）各类笔试的应对准备

为了更好地应对各种笔试，大学生应在笔试之前了解各种笔试的特点，做一些有针对性的准备。

1. 专业技术类笔试的应对准备

大多数研发岗位和技术性较强的岗位对笔试有比较严格的要求。这些岗位要求求职者掌握专业方面的知识和技能，因此，考试题目所涉及的范围主要涵盖专业知识和在工作中能够用到的技术。专业技术类笔试具有很强的专业性。虽然不同的用人单位在考查过程中的具体内容不尽相同，但大多数内容对于大学毕业生来说在学校教授的专业知识范围内。所以，如果要应聘专业技术岗位，大学生在专业知识上要有过硬的本领。

在不同的企业中，专业技术类笔试有不同的范围和难度，并且针对不同类型的求职者，考试内容也有区别。对于大多数的本科学生，考试的主要范围是本专业的基础知识和基本技能，一般不涉及深奥的理论和高难度的学术问题。专业基础课的内容是这类考试的重点。

在求职过程中可能遇到一些突发情况。例如，下午接到通知，第二天早上要参加用人单位的笔试。遇到这种情况，不要期望能在短短的半天时间里做一次专业上的全面梳理，大学生可以尝试把以往在学习过程中积累的笔记或复习大纲找出来快速复习一遍。把重点放在术语的解释、基本理论、概念定义及重点题目上。这时要做的是帮助自己回忆学过的知识，以便第二天能发挥出较好的水平。

2. 智商测试类笔试的应对准备

应对智商测试类笔试的基本方法如下。

（1）排除法

把一些无关的问题先予以排除，可以确定的问题先确定，尽可能缩小未知的范围，以便于问题的分析和解决。这种思维方式在我们的工作和生活中都是很有用处的。

（2）递推法

由已知条件层层向下分析，要确保每一步都能准确无误。可能会有几个分支，应本着先易后难的原则，先从简单的分支入手。

（3）倒推法

从问题最后的结果开始，一步一步往前推，直到求出问题的答案。有些问题用此法解起来很简单，如果用其他方法则很难。

（4）假设法

对给定的问题，先做一个或一些假设，然后根据已给的条件进行分析，如果出现与题目所给的条件有矛盾的情况，说明假设错误，可再做另一个或另一些假设。如果结果只有两种可能，那么问题就已经解决了。在科学史上，假设曾起到极大的作用。

（5）计算法

有些问题必须经计算才能解决。要注意的是，智力测验中的问题往往含有隐含的条件，有时给出的数据是无用的。

（6）分析法

分析法是最基本的方法。各种方法常常要用到分析法。可以说，分析能力的高低是一个人的智力水平的体现。分析能力在很大程度上取决于后天的训练，应养成对客观事物进行分析的良好习惯。

3. 心理测评类笔试的应对准备

心理测评越来越广泛地被用于人力资源管理的选、用、育、留各个环节，为人事决策提供参考性的建议。很多人因为误操作，在心理测评上吃了亏，结果与职业机会失之交臂。因此，如何正确地应对心理测评成为参与测试的人员非常关注的问题，注意以下几个问题，可以避免在心理测评上出现重大误操作。

（1）理解心理测评的原理

心理测评目前主要基于心理测评量表进行，心理测评量表经过很长时间的理论研究，并通过一定数量的样本测量进行验证，才被实际运用到人事决策中。

（2）没有正确答案

所有的心理测评问题都没有正确的答案，也没有什么具有针对性的答案。一般情况下，参与测试的人员喜欢选择某些看起来正确的问题，这样可能误导整个系统，生成的结果不是自己与测评方需要的。

（3）诚实应答

一般而言，市面上成熟的心理测评产品都有检测作答可靠性的工具。也就是说，心理测评模型会检验作答情况，判断其是否正常与诚实，这点非常重要。一旦系统检测到作答不诚实，整个测试就会无效，对参与测试的人员而言，可能就会被打上不诚实的标记。所以，最佳的策略是完全根据自己的实际情况作答，这样才能保证问答的可靠性。

4. 综合能力测试类笔试的应对准备

综合能力测试是为了考查求职者全方位的能力和素质而设置的考试。这种考试可以科学地考查求职者的逻辑分析和推理能力、数理分析能力、语言表达能力、理解能力、案例分析能力、写作能力和知识面。用人单位会根据所在行业和招聘职位的特点，有选择性地设定考试内容。例如，信息技术、电信、机械等行业在招聘技术岗位时，会将笔试的重点放在逻辑推理能力、计算能力及行业内的专业性知识方面。

综合能力测试中一个重要的类型是行政能力测试。作为我国公务员考试的一个组成部分，这种考试可以考查求职者是否掌握应聘岗位所必需的知识和技能。能够对求职者的职业潜力进行分析、判断。考试的题型也多元化，计划参与考试的大学生需要提前对这类考试做准备工作。如果有意到银行或事业单位工作，则应重视行政能力测试。

（三）注意事项

1. 科学答题

拿到试卷后，首先应通览一遍，了解题目的多少和难易程度，以便掌握答题顺序。先做相对简单的题，后做相对困难的题，这样就不会因为做难题而浪费时间太多，以至于没有时间做其他的题。遇到较大的综合题或论述题，应先列出提纲，再逐条撰写。最后，要尽量挤出时间对容易出错的地方进行复查，特别注意不要漏题，更不能跑题或出现错别字、语法不通、词不达意等错误。

2. 卷面整洁

应当注意卷面字迹要清晰。书写过于潦草，字迹难于辨认也会影响考试成绩，因为求职笔试不同于其他专业考试，有时用人单位并不特别在意求职者考分的稍许高低，认真的态度、细致的作风会大大增加被录用的可能性。

3. 恰当分配时间

不要死抠几道题，有时笔试出题量较大，其用意是一方面考查求职者的知识掌握程度，另一方面考查求职者的应试能力，所以求职者在浏览卷面后，要迅速解答比较容易的题目，余下的时间再认真推敲其他题目。对于多模块测试，要注意时间分配，保证各个模块都有相当的时间作答，这类笔试不是按总分计算成绩，而是按模块分别打分，综合评价。

4. 注意考场纪律

一定要遵从监考人员的指示，在没有得到指令的情况下翻阅试卷，很有可能被取消笔试资格，有很多用人单位非常看重求职者的守纪与诚信。笔试不仅仅是一次考试，也是求职过程中的一个环节，考场上的表现很有可能会影响到求职者之后的面试。

5. 注意心理调节

有时求职者可能会受到同考场内的其他情况的影响，如别人早交卷等，此时要注意调节自己的心理，不要紧张，要相信自己一定能够做好题目。

💬 课堂互动

笔试之综合测试卷

1. 活动目的

锻炼综合笔试能力。

2. 活动步骤及说明

下面是常见的笔试综合测试题，请分别作答。

1）谈谈你最近关注的热点问题及对问题的看法（至少 5 个）。
2）谈谈你自己的 3 个优点和 3 个缺点，举例说明。
3）想想你手中笔的作用有哪些，越多越好。
4）画一幅画描述自己求职时的心情，并用文字简单说明。
5）对于是否愿意接受 45 天的基层锻炼安排，说出自己的看法，要求 200 字以上。

3. 活动总结

综合测试卷考查的是求职者的阅读理解能力、分析判断能力、提出和解决问题的能力、语言表达能力、文体写作能力、时事政治运用能力、行政管理能力等。

📖 学习反馈

谈谈如何做好综合能力测试的应对准备

根据题目写一篇准备综合能力测试的学习心得。

_____

_____

_____

_____

📚 拓展阅读

巧避面试陷阱

一些精明的面试人员在面试时喜欢故意给求职者设下圈套，以声东击西的方式从求职者的回答中判断其性情、胸怀、为人处世的原则等方面的信息，最后决定录取与否。因此，对于求职者来说，能否清楚地掌握面试人员的"言外之意"，并用巧妙的回答拉近与面试人员的距离，赢得最后的胜利便显得尤为重要。

1. "我上学那会儿某功课经常不及格，我发现你这门功课好像也学得不太好，你能谈谈是什么原因吗？"

对于这样的问题，如果你回答说："那门功课太难了，所以……"那可就大错特错了，因为面试人员问这种问题绝对不是在和你套近乎，很大程度上可能是在考验你面对问题时所表现出的态度：是从自身查找原因还是喜欢推卸责任。

对此最好的处理办法是既不推卸责任，也不一味地自责，而是直面现实。你可以这样回答："是的，我这门功课成绩不是太好，但我相信这不会成为我拥有这份工作的障碍。"

2. "如果你是财务经理，总经理要求你1年之内逃税100万元，你会怎么做？"

面对这类问题，如果真抓耳挠腮地思考逃税计谋，或者立即列举出一大堆方案，你就会中他们的圈套。实际上，面试人员这个时候真正考核的不是你的业务能力，而是你的商业判断能力及商业道德方面的素养，因为无论在什么单位，遵纪守法都是员工行为的最基本要求。

对此你可以这样回答："我想您的问题只能是一个'如果'，我确信贵单位不会做违法乱纪的事情。当然，如果您非要求我那么做的话，我也只有一种选择：辞职。因为无论什么时候，诚信都是我做人的第一原则。"

3. "你认为自己过去工作中最值得骄傲的一件事是什么？"

面试人员问这样的问题，绝不是为了让你彰显自己过去的辉煌成绩，而是在调查你的思维模式和心理特征。如果你如数家珍地将自己过去的成绩一一罗列出来，只能给人一种骄傲自满或好大喜功的印象。

对此你可以这样回答："在大家的帮助下，我曾经带领……"这样的回答既显示了自己积极主动、团结协作、勇于进取的一面，同时又表明自己尊重别人的劳动，显得客观、公正。

4. "你何时能来上班？"

一般情况下，听到这类问题时，很多人会沾沾自喜地认为自己已经被录用了，事实上对方很可能是在考察你的责任心。通常一个人想离职，必须将手中的工作交接完毕后才能离开。因为这里肯定会有许多办公用品上缴、财务报销、同事关照、保险手续等多方面的业务交接，而所有这些都须耗费时日，如果你说马上或随时可以上班，则会被认为缺乏责任感，有可能会使面试人员产生不信任感而失去机会。

对此你可以这样回答："我会尽快做好原单位的交接工作，按时前来报到。""我原工作的交接手续已经办好了，可以随时听候您的安排。"

5. "真对不起，我们不能录用你！"

面试过程往往是求职者与面试人员之间斗智斗勇的过程。一些面试人员可能会问一些极为刁钻或是让人感到非常尴尬的问题，以检验求职者的心理承受能力。如果这个时候你被激怒，或者完全失去了信心，就可能中圈套了。

面对面试人员的咄咄逼人，当你应对无力的时候，别忘了应战绝招：微笑地面对挑战。因为一个真正的智者，无论在任何情况下，都应该永远保持智慧与谦和的微笑。

6. "我觉得你的经验很差，不太适合我们的岗位。"

其实这是个陷阱，如果面试人员真的这样认为，就不需要面试了。如果面试人员有意为难，比如说："你是民办学校的，平时读书肯定不太好。"此时，千万不要说："我平时读书很好的，只是考试失误进了民办学校。"你可以这样回答："对的，我在这方面有很多欠缺，但是我想用我的勤奋弥补这方面的不足。"

7. "你是名牌大学毕业，又是计算机专业，肯定是这方面的专家，请你谈谈目前计算机方面发展的趋势。"

这又是个陷阱。有的求职者回答："好的。"这不就等于承认自己是专家？讲得好，是理所当然；讲得不好，就是自己故意卖弄。

你可以这样回答："我不是专家，但可以谈一点粗浅的认识。"这样即使谈得不好也没关系；谈得好，反而会让人觉得你很谦虚。

（资料来源：根据网络资料整理改编。）

实践作业

模 拟 面 试

1. 作业说明

以班级为单位自发组织模拟面试，邀请学长或者老师当面试人员，体验面试的氛围。通过模拟面试，掌握简历制作技巧、面试流程、面试礼仪等，为以后的求职面试做好准备。

2. 组织形式

在教室里模拟用人单位招聘全过程。

3. 准备事项

桌子和椅子、简历、着装、面试问题、其他道具。

4. 活动内容

邀请学长或者老师担任面试人员，小组同学事先准备好自己的简历，依次应聘。面试过程中回答面试人员提出的各种问题，结束后由面试人员点评，其他同学也可以参与评议。

以下面试问题可供参考。

1）谈谈你自己（请介绍一下你自己）。

2）你对我们公司了解吗？为什么愿意应聘这个工作？

3）请你用两分钟描述自己的优势和劣势。

4）说说你曾做过的最满意的一件事。

5）你的适应能力如何？

6）你周围的人是如何评价你的？

7）你希望得到的薪酬是多少？

8）你想找一份长期的还是临时的工作？

9）五年内你给自己制定的目标是什么？

10）你能为我们公司带来什么？

项目五　择业心理

目标与任务

➢ 了解大学生在择业过程中常见的心理问题。

➢ 熟悉心理问题产生的原因。

➢ 了解如何正确认识与悦纳自我。

➢ 掌握常用的自我调适方法。

➢ 掌握应对择业挫折的方法。

求职要保持良好心态

护理专业应届毕业生小王，在大学期间性格开朗，积极向上，奋发进取，学习成绩优异，而且重视参加科研活动，多次获得奖学金；曾担任过学生会主席和团委书记等职，参加了很多班级和学校活动，对待工作就就业业、认真负责；在医院实习时，尽心尽职做医生的好帮手，多次获得师兄师姐的夸奖。

小王和众多毕业生一样，对自己的工作充满无限憧憬，认为自己可以找到适合自己的高薪岗位，但现实却无情地打击了她。在9—12月应届毕业生校内就业的黄金时间段里，她参加了多场招聘会，投递了数以百计的简历，但仍未找到自认为合适的工作。

因屡次碰壁，小王满心焦躁，承受着巨大的心理压力，但她并未放弃。她在不断自我开导的同时也清醒地反思自己为什么求职失败。她自信自己并非不优秀，也在努力向用人单位展示自己。为此，她请教了已经找到工作的师兄师姐，向他们咨询相关细节，不断充实自己。功夫不负有心人，她终于接到了几家医院抛来的橄榄枝，最终求职成功。

分析：理想和现实一定是有差距的，尤其是在就业形势日益严峻的今天，多数大学毕业生就业时会遇到诸多挫折、困难。小王虽然在前期对就业认识不足，遇到困难，造成巨大的心理压力，但她能采取积极有效的应对方式，及时进行心理调适，最终能如愿以偿。直面现实就业压力，掌握心理调适的有效方法，对每个大学毕业生都很重要。

任务一 重视择业心理问题

一、大学生在择业过程中常见的心理问题

择业过程中的心理问题是指心理不健康的现象或倾向，它是心理压力和心理承受力相互作用，使人失去了应有的心理平衡的结果。心理问题的表现十分复杂，程度也有轻重之分，大学生择业中出现的心理问题多属于适应过程中的轻度心理障碍，主要表现在

以下几个方面。

（一）焦虑心理

大学毕业生既希望谋求到理想的职业，又担心被用人单位拒之门外，担心自己在择业上的失误会造成终身遗憾，并对未来的职业生活感到心中没底，因此在就业过程中存在一定的焦虑情绪，成天想着各种不必要的担心，造成精神上紧张、忧心忡忡、烦躁不安、意志消沉，甚至彻夜难眠，行为上也表现得反应迟钝、手忙脚乱、无所适从，从而影响用人单位对其做出正确评价。

（二）急躁心理

有的大学毕业生在整个就业期情绪始终处于亢奋状态，表现得心急如焚，有的大学毕业生东奔西跑，四面出击。因此，每年都有一些大学毕业生在并未完全考虑成熟的情况下就与用人单位签约，一旦发现实际情况与自己想象的不一样或发现了更好的岗位，追悔莫及，有的只好违约，给自己带来许多麻烦。

（三）抑郁心理

随着"双向选择"就业制度的确立和择业竞争的加剧，大学毕业生承受的外在压力相应地增加，择业过程中所遭受的挫折也必然比以前更大。有的大学毕业生在就业中受挫后不能正确调整心态，表现为不思进取，情绪低落，有的甚至放弃一切积极的求职努力，听天由命，严重时甚至对外界的环境漠然置之，不与外界交往，对一切都无所谓，导致抑郁症的发生。

（四）自负心理

自负心理是缺乏客观的自我分析和自我评价的表现。目前在大学生人群中，"先就业，后择业，再创业"的观念还没有完全建立，在就业时有较多大学毕业生总想一步到位找到满意的职位和工作。一些大学毕业生对自己的评价过高，认为自己知识丰富，各方面条件不错，理所当然地应该能够找到一个理想的职业。这部分大学毕业生总是向往高薪水、高职位、高收入，即使找不到合适的单位也不肯降低就业期望值。这种自负心理对就业的不良影响很大，常常使他们错失良机。

（五）自卑心理

自卑心理表现在对自己的评价过低，不能正确认识自己的优缺点。部分大学毕业生由于屡屡受挫，对自身能力产生了怀疑；有的由于来自非重点学校，在面对竞争对手时缩手缩脚，不能充分向用人单位展示自己的才华；有的由于所学专业比较冷门，对自己的前途持消极态度。这些自卑心理，会对大学生推销自我产生一定的负面影响。

（六）偏执心理

在就业过程中，大学毕业生的偏执心理主要表现为追求公平的偏执、高择业标准的偏执和对专业对口的偏执。在面对一些不良社会风气时，有的大学毕业生不能正确对待，将自己就业的一切问题归结于就业市场不公平，给自己造成心理阴影。在就业过程中，有的大学毕业生不能及时调整就业目标，降低就业期望值，甚至宁愿不就业也不改变；有的大学毕业生不顾社会需要，无视专业的适应性，只要不能干本专业就不签约，这样的偏执心理必然会减少他们就业的机会。

（七）依赖心理

有的大学毕业生缺乏必要的心理素质的培养，缺乏基本的自理自立能力的锻炼，致使他们养成强烈的依赖心理，当他们不得不面对就业时，常常不知所措，只有一味地依赖学校的联系，听从家长的安排。一旦希望落空，他们往往会产生极大的心理落差，甚至会出现很极端的行为。

（八）从众心理

学有所成、在服务社会中实现自己的人生理想，是每一位即将走出大学校园的学子的美好心愿。但是，有部分大学毕业生自我定位不够准确，对自己所学专业缺乏深入的了解，对专业的社会需求分析不透彻，并且缺乏一定的自我决断力。这样一来，这些大学毕业生很容易追随他人的脚步，只要是社会上受追捧的职业，不管它们是否适合自己，是否与自己的专业相关，都竭力去争取。这样的付出，往往只能取得事倍功半的效果。这种从众心理，使部分大学毕业生丧失了更多良好的就业机会。

二、心理问题产生的原因

心理学认为，人在认识自我、剖析自我时有一种看不见、摸不着的东西——无意识地自我保护机制在无形地保护着自己，干扰对自我的全面、正确、客观和公正的认识，使自我真实形象产生变形或扭曲。心理学研究还表明，理想的我与现实的我之间的差距与矛盾，随着年龄的增长而增大。首先，大学生择业是在各种矛盾中的艰难选择，如自我与超我矛盾、理想与现实矛盾、社会需求与自身实力矛盾等。因为他们以前从未碰到过这些矛盾，所以很容易产生心理不平衡，甚至陷入难以自拔的境地。其次，大学生正处于人生心理矛盾的突出时期。他们心理发展不稳定，往往会产生种种矛盾，主要表现为理想与现实矛盾、开放与封闭矛盾、独立性与依赖性矛盾、情感与理智矛盾等。再次，大学的生理与心理发展不同步。大学生有相当部分心理还不成熟，加之个体生活体验不同，所以形成的个性心理特征有较大的差异，在择业中就表现出心理特征的复杂性与矛盾性。

心理问题产生的原因很复杂，既有遗传和生理的因素，又有心理、社会、环境的因素。以下是最常见的几种诱因。

（一）感情与家庭的变故

在现代社会中，因为感情受挫和婚姻变故所引发的心理问题越来越多。失恋无疑是很痛苦的情感体验，失恋的一方会因对感情的难以割舍而痛苦不已，失落感会加重心理失衡的程度，有些人因此产生心理障碍甚至是不理性的过激行为，给对方和自己造成难以弥补的伤害。

（二）超负荷的工作压力

在社会整体节奏迅速加快的同时，都市白领群体更是被高强度的工作压力所困。他们中的很多人长期处于高度紧张的状态下，且常常得不到及时的调适，久而久之便会产生焦虑不安、精神抑郁等症状，重则诱发心理障碍或精神疾病。从生理角度讲，一个人的精神如果总是高度紧张，就会造成内分泌功能失调及免疫力下降，易产生各种身心疾病，甚至会导致"过劳死"。

（三）对网络的依赖心理

网络的出现极大地方便了现代人的生活和工作，但其负面影响也是不容忽视的。尤其是广大青少年，对网络有着极大的兴趣，上网成了他们生活中重要的组成部分。适当上网是有益的，但每天花大量时间上网或上一些不健康的网站，极可能诱发上网人群的心理疾病。例如，长期上网聊天、游戏、网恋，极可能使上网者因长期处于虚拟状态而影响其正常的认知、情感和心理定位，严重者甚至会发生人格分裂。

（四）生活贫困加重心理压力

对于有些迈入高等学府的经济困难的大学生而言，一方面是经济状况窘迫，另一方面是虚荣心作祟，这种现实会加剧矛盾心理，使这些人患心理疾病的概率加大。

（五）急功近利的心理倾向

在对事业的追求上，有些人具有急功近利的倾向，他们往往经不起失败的打击。由于他们对成功的期望很高，且不想耗费太多的力气，总想以小博大，希望事半功倍，可现实又往往不因人的主观意愿而改变，自然就容易失落。也有些人因急于求成而拼命工作，不断自我加压，总是苛求自己，结果常常因心有余而力不足导致失败，并诱发抑郁症、自闭症等心理障碍。

（六）难以适应社会发展

现代社会飞速发展、瞬息万变，有些人却因种种原因而难以适应。这种不适应包括很多方面：对社会的不公平现象看不惯，又因自己无力改变现状而郁闷、烦躁；对单位里的分配不均看不惯，为自己的报酬偏低而愤愤不平；因个人技能与现代化的差距而焦急、无奈；等等。

三、正确认识与悦纳自我

悦纳自我是指个体能正确地评价自己、接受自己，并在此基础上使自我得到良好的发展。大学生应以愉悦的心情接纳自己，接受自己的优点和缺点，明白自己的能力所及，并根据自身条件，在悦纳自己的基础上调节自身的行为，不断完善和塑造自我，促进自身发展。

（一）客观地认识自己

客观地认识自己包括对生理自我、心理自我和社会自我的认知。对生理自我的认知是指个体对自己外表及生理状况的观察和了解，包括个体的外貌、健康状况等方面；对心理自我的认知是指个体对自己精神世界的观察和了解，包括对自己的智力、能力、性格、兴趣、爱好和特长等方面的观察和认识；对社会自我的认知是指个体对自己的社会地位的观察和认识，对大学生来说，主要是自己在班级及学校中的位置和作用、公共生活中的举止表现及社会适应能力。总之，要客观全面地了解和评价自己。

（二）欣赏自己的优点

每个人都是独一无二的，每个独特的"我"都有优点和缺点。在客观地认识自己的基础上，应发现并欣赏自己的优点，帮助自己获得自信，从而更加勇敢地面对生活。

（三）悦纳自己的缺点

大学生要敢于正视自己的弱点，悦纳自己的缺点和不足。事物都具有相对性，每个缺点都对应着相应的优点。因此，学会将缺点进行积极赋义，有助于帮助大学生悦纳自己的缺点。

（四）用变化发展的观点看待求职择业

用变化发展的观点看待求职择业是指大学生在择业就业时，既要考虑个人的发展，又要考虑社会的发展，既要考虑眼前的发展，又要考虑长远的发展。要用变化发展的观点、用科学发展的思想来指导自己的求职择业。所以大学毕业生一定要结合自己的情况，选择有发展前途的职业和单位,防止短期行为。但同时又要看到,社会是在不断发展变化的,每个大学毕业生所处的生活环境和工作环境也在不断变化,职业选择不应该,也不可能是一次定终身。

当前,很多大学毕业生在择业就业过程中存在的最大问题就是目光短浅,缺乏长远打算,缺乏战略眼光,总希望第一次就业就能找到理想的职业,有个高的起点,然后终老一生。这种一步到位、一次成功的观点,就是从一而终的观点,也是缺乏长远眼光和变化发展的观点。因此,大学毕业生应该发挥年轻人固有的朝气和锐气,要敢想、敢说、敢干,要靠真才实学,敢于竞争,从实际出发,充分考虑到自己的专业、性格、气质等,扬长避短,发挥特长,在竞争中求生存,在竞争中求发展。

（五）正确评估自我,合理调整就业期望

大学生从进入大学开始就有优越感,对未来充满美好的追求和向往。毕业时,有些大学生对自己的能力评估过高,这样定位的就业期望值就过高,超越了现实的就业条件,所以容易产生或加重挫折感。因此即将毕业的大学生,应当全面地评价自己,既要看到自己的长处,又要正视自己的不足,冷静地总结经验教训,分析面临的就业形势,合理地调整就业期望值,同时提出进一步的行动方案。大学生的就业期望值应立足于现实的社会需要,抵制功利主义、享乐主义的影响,充分体现发展事业、服务社会、奉献社会的精神风貌,使自己的就业观和就业期望值做到自身条件与社会现实一致、个人要求与社会需要一致。

（六）正确认识择业挫折,保持良好心态

大学生初次就业,难免遇到一些挫折,这是正常的,它也不是导致情绪低落的直接原因。大学生对择业挫折所持的看法、解释、态度才是引起情绪和行为反应的直接原因。有的大学生怕陌生的就业环境和工作压力,怕失败,对挫折不理解;有的大学生在挫折面前以偏概全,过于片面化,这些都是不合理的观念。大学生择业受挫后,要正视自己的能力与素质,保持乐观向上的心态,保持冷静、理智,树立自信心,找出挫折的来源,努力寻求解决问题的办法和途径,积极采取行动,在能够充分发挥自己优势的领域去求职。

（七）积极主动,及时出击

大学生在求职的过程中,不能消极等待,而应主动出击,积极参与,这是大学生自主择业的基本要求和起码原则。大学生既要主动了解自己,又要主动了解社会,特别是用人单位,更要主动参与信息搜集、岗位竞争、实现就业的全部过程。

此外,大学生在择业就业时,应该抓住时机,合理安排时间,遵照国家现行的就业政策与规定,在规定的时间内顺利就业。为此,大学毕业生在择业就业过程中,不能贻误时机，拖拖拉拉，犹豫不决，而是要有明确的时间观念，根据学校就业工作的总体时间安排，制订合理的求职计划，尽快落实就业去向。

（八）清除自卑心理，增强自信

许多大学毕业生往往自负和自卑相交织，顺利时自高自大，困难时一筹莫展，这是自身素质不全面，特别是自信心不强的表现。因此，大学生在择业就业时必须树立较强的自信心，鼓起勇气去迎接挑战，参与竞争，相信自己具备能求得合适职业的能力。如果没有足够的自信心，怀疑自己，认为自己处处不如人，畏畏缩缩，不敢大胆地推销自己，甚至在用人单位面前面红耳赤，语无伦次，首先就给人留下一种无能而缺乏自信的印象，岂能求得好职位？因此，必须有"我能行"的信心。

当然，自信不是自负自傲，自信要有资本和基础，这个资本和基础就是真才实学。有真才实学为后盾，才会有真正的自信。因此，要树立真正的自信心，也就意味着要切实搞好学业，全面提高自己的综合素质。

（九）淡化享乐心理，强化吃苦意识

谁都希望自己美满、幸福，人具有享乐欲望也是很正常的事。但问题是，享乐应当建立在自己有所成就的基础之上，而这一点恰恰是有些大学生容易忽视的，以致盲目追求消费，对生活和工作的承受能力不足。因此，对在校大学生来说，应当淡化只图享受、不愿吃苦的意识，多参加一些实践和劳动锻炼，做好艰苦奋斗的准备。只有乐于吃苦，自觉地与学习中、生活中、劳动中、体育锻炼中的困难作斗争，向自我挑战，将来才能战胜自我，勇挑重担。

此外，大学生只要调整择业心态，肯吃苦耐劳，愿到基层一线，就会有很多的就业机会。大学生不应把自己看成是所谓的"天之骄子"，只能"劳心"，不能"劳力"，应适时调整自己的心态，勇于到艰苦的地方去，为个人赢得更广阔的发展空间。

课堂互动

正确应对与职业选择有关的困惑

1. 活动目的

找到解决职业选择困惑的方法。

2. 活动步骤及说明

1）以班级为单位，将全体学生分为若干个小组，每个小组以6～10人为宜。

2）各小组其他成员通过讨论给出解决困惑和心理问题的对策。

学习反馈

解决择业心理问题的途径

根据题目写一份 500 字左右的报告。

_____

_____

_____

_____

任务二　调适择业心理

一、调整就业期望

（一）认清就业形势

大学毕业生要认清日趋严峻的就业形势，树立与经济和社会发展相适应的就业观。

1）在择业前，要分析客观实际，正确认识自己，认识就业环境和社会需求，找准自己与社会需求的最佳契合点，以良好的心态迎接社会的选择。

2）要敢于竞争，在客观评价自己的基础上，充分相信自己的实力，敢于通过竞争去实现自己的人生目标。

3）当获得一个理想职业的时机还不成熟时，须从自身实际情况出发，树立"先就业，后择业，再创业"的意识，把先就业当成获得个人职业生涯经验的重要经历，然后通过合理的职业流动逐步实现自我价值。

（二）转变就业观念

传统就业观念认为，大学阶段学习的专业与大学毕业后从事的工作应密切相关。在当前供大于求的就业形势下，大学毕业生应该转变专业要对口、非本专业岗位不就业的想法，进一步解放思想、与时俱进，不拘泥于本学科、本专业，而要拓宽就业领域。例如，临床医学类学生不必拘泥于临床医生岗位，亦可从事保健、药膳、养生、康复、美容、家庭护理、医药销售等行业。

（三）合理调整期望值

就业期望值高是大学毕业生就业时的一个普遍现象。但是，这个期望值必须建立在正确认识社会需求与自身竞争条件的基础上。大学毕业生可以根据现实需求、自身条件，灵活地调整自己的就业期望值，寻找适合自己的岗位，力求做到自身与社会协调同步发展。合理调整就业期望值不是对单位不加以选择，而是在现实条件基础上重新规划职业发展路径，树立长远的职业发展观念。例如，可以选择从大中城市走向中小城市，从繁华都市走向乡镇基层。

二、常用的自我调适方法

（一）宣泄法

对于就业与择业的压力，必须学会自我宣泄、自我释放、自我调节，学会辩证地看待问题，及时让郁积在心里的不快得到排遣，这是保证心理健康的一种有效方法。倾诉时可以找一个值得信赖的人（父母、老师、朋友等），将心中的想法、内心的苦闷甚至是难以启齿的秘密统统讲出来，在与亲友的沟通中缓解精神压力。与此同时，来自家人、朋友的理解和关怀会成为一种情感上的支持，能够让人倍感欣慰，从而看到生活的积极面，以积极的态度面对人生。在压抑、郁闷等负面情绪增多时，可以通过跑步、做操、瑜伽、游泳等运动健身来排解。在运动中享受肢体动作的和谐美感，转移对不良情绪的过分关注。在感到就业压力大、焦虑、烦闷时，可以设计一次短途旅行，通过亲近自然、呼吸大自然的新鲜空气、欣赏自然的山水风景来缓解压力。

（二）注意转移法

注意转移法就是采取迂回的办法把自己的注意力、情感和精力转移到其他活动上去，使消极的情绪在蔓延之前就被一些因素干扰，不再恶化，从而使情绪朝着良性方向发展。过于强烈的消极刺激都与当时的情境密切相关，只要善于观察对自己不利的情境，对情绪的控制就会变得相对容易。例如，当大学毕业生产生心理问题时，自己应先冷静下来，转移注意力，做一些自己感兴趣或是有待解决的事情，等平静之后再考虑就业的问题。注意转移法的特点是能让矛盾暂时得到缓解，直到自己冷静后再做处理，这样不容易激化矛盾，有利于心理问题的解决。

（三）补偿法

人无完人，个人在生活或心理上难免有某些缺陷。这时，要采取方法补偿这一缺陷，以减轻、消除心理上的困扰，这在心理学上称为补偿作用。补偿分为两种：一种是以另一个目标来代替原来尝试失败的目标；另一种是凭新的努力，以期某一弱点得到补救，转弱为强，达到原来的目标。例如，希腊政治家德摩斯提尼因发音微弱和轻度口吃，不能演讲，他下决心练习口才，把小卵石放在嘴里练习讲话，并面对海滨高声呼喊。最终，他的语言劣势得到补救，成为闻名的大演说家，他内心的紧张焦虑也就自然消除。面对自身的某些弱点或遗憾，不必唉声叹气，怨天尤人，积极的对策是另寻一条路，以真正走出心理困境。

（四）自我转化法

当就业不良情绪不易控制时，可以采取迂回的方式，把情感和精力转移到其他活动中去，如参加有趣的活动、学习一种新知识技能、假日郊游等，使自己减轻或消除不良情绪的影响，以求得心理平衡。

（五）松弛练习法

松弛练习法是一种通过练习学会放松身心的方法。放松训练可以帮助大学生迅速减轻或消除各种不良的身心反应，如焦虑、恐惧、紧张、失眠、头疼等。择业时遇到类似心理反应，可在专业人员的指导下尝试进行放松练习。以下是一些练习小窍门和方法。

1. 放松身心的小窍门

1）与身体的感觉联系起来：感觉自己已经逃离紧张状态并将其转化为有生产力的能量，感到自己已经更为放松。

2）想象紧张感正在消失：用一些时间想象自己正在远离紧张情境，直到在内心看到它离自己已相当遥远。

3）微笑：特别紧张时，不妨面带微笑。研究证明，当人们微笑时，大脑接收的信息通常是积极的，并且能使身体处于放松和满足状态；当人们处在焦虑和恐惧中时，微笑也能产生同样的效果。无论人们是否意识到微笑对自我控制紧张感所起到的作用，这种"人为的"努力都表明大脑在毫不怀疑其真实性的情况下对外部信息做出了积极有效的反应。

4）放松反应：舒适地坐在一处安静的地方，紧闭双目，放松肌肉，默默地进行一呼一吸，以深呼吸为主。

5）浅呼吸：快速进行浅呼吸，为了更加放松，慢慢吸气、屏住气，然后呼气，每一个阶段各持续八拍。

6）腹部呼吸：平躺在地板上，面朝上，身体自然放松，紧闭双目。呼气，把肺部的气全部呼出，腹部鼓出，然后紧缩腹部，吸气，最后放松，使腹部恢复原状。正常呼吸数分钟后，再重复此过程。

7）打盹：在家中、办公室，甚至在汽车上，一切场合都可借机打盹，只需 10 分钟，就会使人精神振奋。

8）想象：借由想象自己所喜爱的地方，如大海、高山等，放松大脑；把思绪集中在想象物的"看、闻、听"上，并渐渐入静，由此达到精神放松的目的。

9）摆脱常规：经常使用不同的方法，做一些平日不常做的事，如双脚蹦着上下楼梯。

10）发展兴趣：培养对各种活动的兴趣，并尽情去享受。

11）伸展运动：伸展运动可以使全身肌肉得到放松，对消除紧张十分有益。

12）按摩：紧闭双眼，用手指尖用力按摩前额和后脖颈处，有规则地向同一方向旋转；不要漫无目的地揉搓。

2. 放松身心的活动

可以做一些放松身心的活动以缓解紧张等情绪，具体步骤如下。

1）选择一个空气清新、四周安静、光线柔和、不受打扰、可活动自如的地方，取一个自己感觉比较舒适的姿势，站、坐或躺下。

2）活动一下身体的一些大关节和肌肉，做的时候速度要均匀缓慢，动作不需要有一定的格式，只要感到关节放开、肌肉松弛就可以了。

3）做深呼吸，慢慢吸气，然后慢慢呼出，每当呼出的时候在心中默念"放松"。

4）将注意力集中到一些日常物品上。例如，看着一朵花、一点烛光或任何一件柔和美好的东西，细心观察它的细微之处。或者点燃一些香料，微微吸收它散发的芳香。

5）闭上眼睛，着意去想象一些恬静美好的景物，如蓝色的海水、金黄色的沙滩、朵朵白云、高山流水等。

3. 放松身心的训练

可以通过训练来放松身心，具体步骤如下。

1）把能引起自己紧张、恐惧的各种场面，按由轻到重的顺序依次排列（越具体、细节越多越好），分别抄到不同的卡片上，把最不令自己恐惧的放在最前面，把最令自己恐惧的放在最后面，卡片按顺序依次排列好。

2）进行松弛训练。坐在一个舒服的座位上，有规律地深呼吸，让全身放松。进入松弛状态后，拿出上述系列卡片的第一张，想象上面的情景，想象得越逼真、越鲜明越好。

3）如果觉得有点不安、紧张和害怕，就停下来不再想象，做深呼吸使自己再度松弛下来。完全松弛后，重新想象刚才失败的情景。若不安和紧张再次发生，就停止后再次放松，如此反复，直至卡片上的情景不会再使自己不安和紧张为止。

4）按同样的方法继续下一个使自己更紧张的场面（下一张卡片）。注意，每进入下一张卡片的想象，都要以自己在想象上一张卡片时不再感到不安和紧张为标准；否则，不得进入下一个阶段。

5）当想象最令自己恐惧的场面也不感到不安和紧张时，便可再按由轻至重的顺序进行现场锻炼，若在现场出现不安和紧张，同样让自己做深呼吸放松来对抗，直至不再恐惧、紧张为止。

自我心理调适的方法还有很多，在此仅列举以上这些。最主要的还是要树立远大的理想，树立正确的人生观和价值观，同时要注意培养良好的品质，磨炼坚强的意志，培养乐观的生活态度。只有这样，才能在就业择业的重要关头，始终保持积极向上的精神状态和健康的心理，使自己的才能得到充分的发挥。

三、应对择业挫折的方法

（一）排除从众心理

所谓从众心理，是指在社会或群体的压力下个人放弃自己的意见而采取顺从行为的心理倾向。从众心理重的人容易接受暗示，无主见，依赖性大，不能独立思考，而是迷信名人和权威。

在大学毕业生择业问题上，从众心理表现在愿意到大城市、大机关去工作。其实到大城市、大机关工作并不一定是最佳的职业选择。古往今来，大多能成才者都具有很强的创造和思维能力，并力求摆脱从众心理的束缚。大学生应当具有很强的独立思考能力，逐步培养自己独立分析问题、解决问题的能力，从而克服从众心理的影响，为今后走向社会提供良好的心理素质。

（二）摒弃虚荣心理

虚荣心理也是妨碍求职择业的一种不健康的心理状态。虚荣心过强者在择业中往往把注意力集中在社会知名度高、经济上实惠的就业岗位。这些人不从发挥自身优势出发，不考虑自己的竞争能力，甚至不考虑自己的专长爱好，他们选择职业是为了让别人羡慕，做给别人看而不是为自己寻找用武之地。

大学生在选择职业时不妨先思考自己需要什么样的工作、适合做什么样的工作、能得到什么样的工作。经过冷静思考得出结论并付诸行动才可能真正丢掉虚荣心理的思想包袱，选择真正属于自己的职业。

（三）克服挫折心理

挫折心理是指人在从事有目的的活动过程中遇到障碍时所表现出来的情绪反应。当一个人产生心理挫折后就可能陷入苦闷、焦虑、失望、悔恨、愤怒等多种复杂情绪之中。

因此，挫折心理是一种消极的心理状态。

在就业问题上，大学生受到挫折是因为他们的去向和抱负不能为社会和亲友所理解和接受，从而产生怀才不遇的感觉。这往往是大学生自我评价过高造成的，而且通常是期望值越高，挫折感就越重。如果在挫折中不是认真反思，而是失去理智、盲目地一意孤行，就可能形成人格障碍，由此引起内心世界的严重扭曲，对健康人格塑造构成严重威胁。因此，大学生应合理调整期望值，遇到挫折时认真反思，吸取教训，及时调整，选择适合自己的职业和岗位。

（四）正确进行自我评价

大学生要正确评估自身的兴趣、能力、态度及其他相关因素，明白专业或工作成功的条件是正确选择职业的前提。因此，可以通过学校开展的就业辅导工作帮助大学生正确评价自我，了解自我性格、兴趣、能力和信息素质等；指导他们树立远大理想和正确的人生价值观，培养良好的思想品质和乐观豁达的生活态度，始终保持积极的精神状态和健康的心理，实现就业理想。

💬 课堂互动

自我心理调适练习

1. 活动目的

了解自己的择业心理状态，并制订自我调适行动计划。

2. 活动步骤及说明

1）以班级为单位，将全体学生分为若干个小组，每个小组以6～10人为宜。

2）各小组成员分别通过练习探索自己的择业心理状态。

3）小组其他成员通过讨论给出解决对策。

采用1～10分的评分法，根据自己的具体情况对以下问题分别标出相应的分数，并根据相应的要求完成每个测试。

① 遇到困惑时我的态度：

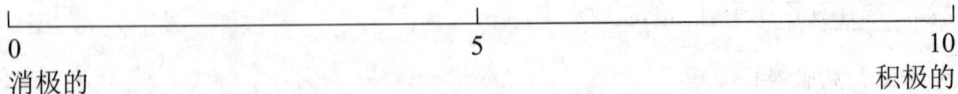

```
0                          5                          10
消极的                                               积极的
```

如果不是10分，我距离10分的差距是什么？

这种差距在我日常生活中的表现是什么？

这些表现通常是如何影响我的生活及目标实现的？

为缩小这些差距，我的行动计划是什么？

② 我的心情：

```
├─────────────────────────┼─────────────────────────┤
0                         5                        10
郁闷                                               快乐
```

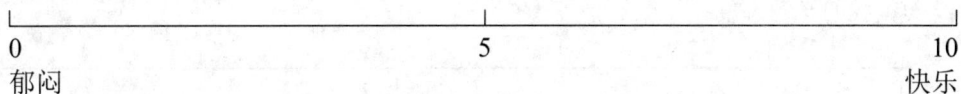

如果不是 10 分，我距离 10 分的差距是什么？

这种差距在我日常生活中的表现是什么？

这些表现通常是如何影响我的生活及目标实现的？

为缩小这些差距，我的行动计划是什么？

③ 我的人际关系：

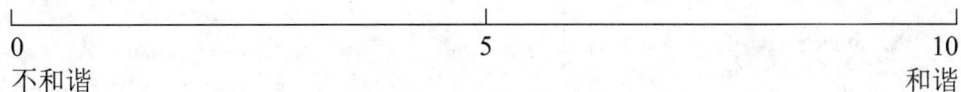

```
├─────────────────────────┼─────────────────────────┤
0                         5                        10
不和谐                                             和谐
```

如果不是 10 分，我距离 10 分的差距是什么？

这种差距在我日常生活中的表现是什么？

这些表现通常是如何影响我的生活及目标实现的？

为缩小这些差距，我的行动计划是什么？

④ 我对大学生活的感受：

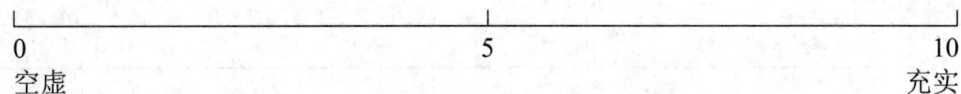

```
├─────────────────────────┼─────────────────────────┤
0                         5                        10
空虚                                               充实
```

如果不是 10 分，我距离 10 分的差距是什么？

这种差距在我日常生活中的表现是什么？

这些表现通常是如何影响我的生活及目标实现的？

为缩小这些差距，我的行动计划是什么？

⑤ 我的学习态度：

```
0                          5                        10
 一点也不认真                                       认真
```

如果不是 10 分，我距离 10 分的差距是什么？

这种差距在我日常生活中的表现是什么？

这些表现通常是如何影响我的生活及目标实现的？

为缩小这些差距，我的行动计划是什么？

学习反馈

谈谈自我调适的感觉

根据自身在择业过程中的心理调适实际情况，写一份 500 字左右的心理自我调适的感受。

拓展阅读

通向成功的路

有一位年轻人毕业后来到美国西部，他想当一名新闻记者，但人生地不熟，一直没有找到合适的工作。于是，他想起了大作家马克·吐温。年轻人写了一封信给马克·吐温，希望能得到他的帮助。

马克·吐温接到信后，给年轻人回了信，信上说："如果你能按照我的办法去做，你肯定能得到一席之地。"马克·吐温还问年轻人，他希望到哪家报社。

年轻人看了十分高兴，马上回信告诉了马克·吐温。于是，马克·吐温告诉他："你可以先到这家报社，告诉他们你现在不需要薪水，只是想找一份工作打发时间，你会在报社好好地干。一般情况下，报社不会拒绝一个不要薪水的求职人员。你获得工作以后，就努力去干。把采写的新闻给他们看，然后发表出来，你的名字和业绩就会慢慢被别人知道。如果你很出色，社会上就会有人想聘用你。然后你可以到主管那儿，对他说：'如果报社能够给我相同的报酬，那么，我愿意留在这里。'对于报社来说，他们不愿放弃一个有经验的熟悉单位业务的工作人员。"

年轻人听了，有些怀疑，但还是照着马克·吐温的办法做了。不出几个月，他就接到了别的报社的聘任书，而他工作的这家报社知道后，愿意出高出别人很多的薪水挽留他。

故事中的年轻人听从劝告选择了一条独特的求职道路，把求职作为一种提高自己才能、积蓄力量的手段，变被动为主动。在职位竞争激烈的今天，这种办法可以作为参考。

这个故事还给我们一个启示：在求职过程中，许多人想"一步到位"，但实际情况却很难办到。

（资料来源：根据网络资料整理改编。）

实践作业

做一次心理咨询

1. 做出决定

找到一个或几个你最想解决的择业问题。

2. 预约咨询

决定进行心理咨询之后，与预约客服或者坐班心理老师联系，简单介绍一下自己的情况。

3. 坚持咨询

确定心理咨询目标及方案，在自己的日常生活中积极进行实践。心理咨询需要一个过程，需要把在和心理咨询师咨询过程中获得的知识和经验变成自己的行为习惯，在日常生活中能够熟练应用，这些都不是咨询一次就能够完成的。能否坚持下去，决定着咨询的最后效果，所以不要半途而废。

项目六 职业素养

目标与任务

- ➤ 了解时间管理、人际管理的重要性。
- ➤ 了解时间管理的定义和方法。
- ➤ 熟悉大学生时间管理能力的培养。
- ➤ 了解时间管理的误区。
- ➤ 熟悉人际交往的重要性原则。
- ➤ 掌握人际关系管理的方法。
- ➤ 熟悉协作—职业化的核心。
- ➤ 熟悉团队合作的意义。
- ➤ 掌握高效沟通技巧。
- ➤ 掌握团队合作的技巧。

◆ 案例故事

沟通应注意个人隐私

张先生是北京市的一名个体出租车司机，在北京申奥成功后掀起的学英语热潮中，张先生自学英语，并成为他所在公司的学英语标兵，为此张先生感到非常自豪。一天，张先生的车上来了一位外国客人，张先生觉得这正好是个锻炼自己的机会，便主动向客人问好。对方发现北京的出租车司机居然会流利的英语后非常高兴，两人不一会儿就聊了起来。

在交谈中，张先生开始和对方像熟人一样拉起家常来。"您今年多大了？"对方没有正面回答，却说："你猜猜看。"张先生转而又问："您成家了吧？有孩子吗？是儿子还是女儿？"这位外国客人开始不耐烦起来，面对着路边的建筑说："北京比我原来想象的要漂亮多了。"后来，这位外国客人始终保持沉默，直到到达目的地下车。张先生很是纳闷："难道我的英语太差，他听不懂吗？"

分析：其实，张先生与这位外国客人不欢而散的原因不是他的英语水平太差，主要是他在交谈中提出的问题在外国人看来纯属个人隐私，是不应该如此提问的。

任务一　有效管理时间

一、时间管理的概念

时间对于每个人来说，虽说是免费的，却是最为宝贵的。

一天 24 小时，一年 365 天，每个人的时间虽然相同，但支配时间的能力各不相同。一般人会按照自己每天的生活习惯和既定的生物钟来安排自己的作息及处理事情的顺序，再加上每个人的精力和时间都有限，所以人们利用时间的效率差距因此而拉开。每个人的潜力不一样，思维决策能力也会不一样，于是就出现了业余时间管理的差别、精力管理的差别，以及碎片化时间管理的差别。

时间管理技能被称为当今职业人的三大核心技能之一，是一个人职业化素养的重要体现。时间管理就是用技巧、技术和工具帮助人们完成工作，实现目标。时间管理并不是要把所有事情做完，而是更有效地运用时间。时间管理的目的除了要决定应该做什么事情之外，还包括决定不应该做什么事情。时间管理不是完全的掌控，而是降低变动性。时间管理最重要的是通过事先的规划，起到提醒与指引的作用。时间管理是大学生需要注意学习的非常重要的技能，如何管理自己的时间决定着大学生活的成败。

二、时间管理的方法

人的一生两个最大的财富是：才华和时间。才华越来越多，但是时间越来越少，人的一生可以说是用时间来换取才华。如果一天天过去了，时间少了，而才华没有增加，那就是虚度了时光。所以，大学生必须有效地利用时间、管理好时间。如何有效地利用时间呢？以下方法可供借鉴。

（一）兴趣目标

做自己真正感兴趣、与自己人生目标一致的事情。通常来说，一个人的"生产力"与其兴趣有着直接的关系，而且这种关系还不是单纯的线性关系。如果面对自己没有兴趣的事情，可能会花 40%的时间，但只能产生 20%的效果；如果遇到自己感兴趣的事情，可能会花 100%的时间，却能产生 200%的效果。要在工作上奋发图强，身体健康固然重要，但是真正能改变人的状态的关键是心理而不是生理。找到自己感兴趣的事情并投入其中，能产生事半功倍的效果。

（二）统计时间

统计自己的时间是如何安排的。选一个星期，每天每 30 分钟记录一次自己正在做的事情，然后做一个分类（如读书、准备 GRE、和朋友聊天、社团活动等）和统计。在一周结束后，分析一下自己什么方面花了太多的时间，这周的时间如何可以更有效地安排，有没有哪项活动时间占太大的比例，有没有方法可以提高效率，下周遇到同样的情况该如何处理才能花更少的时间。

（三）零散时间

使用时间碎片和"死时间"。如果做了上面的时间统计，就一定能发现每天有很多时间可以利用。例如，等车、排队时，可以背单词、复习等。无论自己忙还是不忙，都要先把那些可以利用时间碎片做的事准备好，等有空闲的时候再有计划地拿出来做。

（四）要事为先

在学习和生活中每天都有干不完的事，可以把所有的事情按轻重缓急分类，先办又急又重要的事情，但要理解急事不等于重要的事，一定要注意不要成为急事的奴隶。有些紧急但不重要的事情，要学会放弃，这样才能确保自己不会成为急事的奴隶。

（五）二八原则

如果能够高效地利用时间，只要20%的时间投入就能产生80%的效率；相反，如果不能高效地利用时间，80%的时间投入只能产生20%的效率。一天头脑最清楚的时候，应该做最需要专心的事。要把一天中20%的最高效时间（有些人是早晨，也有些人是下午和晚上；除了时间之外，还要看当时的状态，如休息是否足够等）专门用于最困难的科目和最需要思考的事情上。许多大学生喜欢熬夜，但是晚睡会伤身，所以还是要尽量早睡早起。

三、大学生时间管理能力的培养

（一）设立明确目标

个人时间管理的目的是在最短时间内实现更多想要实现的目标。可把本年度4~10个目标写出来，找出一个核心目标，并依重要性排序，然后依照目标设定一些详细的计划，关键就是要依照计划进行。

（二）学会列清单

要列一张总清单，把本年度所要做的每一件事情都列出来，并进行目标切割。

1）将年度目标切割成季度目标，列出清单，写明每一季度要做哪些事情。

2）将季度目标切割成月目标，并在每月初重新再列一遍，碰到有突发事件而更改目标的情形要及时调整过来。

3）每一个星期天，把下周要完成的每件事情列出来。

4）每天晚上把第二天要做的事情列出来。

（三）合理分配时间

生活中肯定会有一些突发困扰和迫不及待要解决的问题，如果发现天天都在处理这些事情，那就表示自己的时间管理并不理想。成功者花最多时间在做最重要的事，而不是最紧急的事，然而一般人都是做紧急但不重要的事。有效进行时间管理的人，总是确保最关键的20%的活动具有最高的优先级。时间管理矩阵见表6-1。

表6-1 时间管理矩阵

	紧急	不紧急
重要	立刻处理	根据自己的愿景和价值来组织这些活动
不重要	不要把所有紧急的事都视为重要的事——好好选择并加以评估	尽量减少或予以剔除

因此，大学生需要学会合理分配时间，避免将时间花在琐碎的多数问题上，否则就算花了 80%的时间，也只能取得 20%的成效。应该将时间花在重要的少数问题上，掌握重点可以让工作计划不至于出现偏差。掌握了这些重要的少数问题，只需花 20%的时间，即可取得 80%的成效。

（四）安排不被干扰时间

每天至少要有半小时到一小时的不被干扰时间。假如一个人能有一小时完全不受任何人干扰，关在自己的房间里面，思考一些事情，或是做一些自己认为最重要的事情，这一小时就可以抵一天的工作效率，甚至有时候这一小时比三天的工作效率还要高。

（五）要与自己的价值观相吻合，不可以互相矛盾

一定要确立个人的价值观，如果价值观不明确，就很难知道什么对自己最重要。价值观不明确，时间分配一定做不好。个人时间管理的重点不在于管理时间，而在于如何分配时间。永远没有时间做每件事，但永远有时间做对自己来说最重要的事。

（六）要把每一分钟每一秒用来做最有效率的事情

必须思考要做好一份工作，到底哪几件事情对自己来说是最有效率的，把它们列出来，并分配时间做好。时间管理的最终目的是结果，结果=时间长度×效率，单纯去强调在一个事件上投入大量的时间没有意义，而效率的作用怎么强调都不为过。

（七）要充分地授权

列出目前生活中所有觉得可以授权给别人的事情，把它们写下来，然后找到适当的人进行授权，这样效率会比较高。

（八）同一类的事情最好一次做完

假如在做纸上作业，那段时间就都做纸上作业；假如在思考，那么用一段时间只作思考。如果重复做一件事情，就会熟能生巧，效率也一定会提高。

（九）做好"时间日志"

花了多少时间在哪些事情上，把它们详细地记录下来。每天从刷牙开始，一直到洗澡、穿衣服、早上搭车，出去拜访客户，把每天花的时间一一记录下来，做了哪些事，浪费了哪些时间。只有找到浪费时间的根源，才有办法改变。

（十）严格规定完成期限

巴金森（Parkinson）在其所著的《巴金森法则》中写道："你有多少时间完成工作，

工作就会自动变成需要那么多时间。"如果一个人有一整天的时间可以做某项工作，就会花一天的时间去做它，而如果只有一小时的时间可以做这项工作，就会更迅速有效地在一小时内做完它。

对大学生而言，驾驭好时间意味着出色快捷地完成学习任务。时间管理作为大学生心理健康的一个方面，为其争取了更多的合理发展空间，对促进其全面健康成长具有重要的意义。

四、时间管理的误区

（一）时间管理就是在有限的时间内完成更多的事情，提高效率

时间管理做得好不好，并不在于任务完成了多少、是否全部完成，而在于完成的事情是否与目标相一致。目标的一致性是衡量行动价值的关键因素，也是时间价值的决定性因素。

对于时间管理来说，质量的价值是高于数量的价值的。大学生要走出单位时间内做更多事情的误区，不要自欺欺人地让自己忙得不可开交，而要多去完成有价值的工作。

（二）时间管理一定要完全准备好了再开始行动

是马上行动还是详细计划后再行动，并不是一成不变的。对于简单的、熟悉的、日常的事情，一般可以马上行动，因为即使不做计划，也早已成竹在胸了。对于复杂的、陌生的，从来没有接触过，需要创新的事情，往往需要先计划和准备，然后执行，这样可以避免走弯路或者做错。但是，并不一定要完全准备好后再行动。有很多时候，要遵循先完成、再完美的原则，先做起来，避免拖延，在过程中逐渐完善，或者在完成后进行迭代。

（三）时间管理就是要让自己时刻像机器人一样按照计划执行

是否需要按照计划严格执行，取决于工作的类型。像机器人一样按部就班地做事虽然无趣，却也是一种高效的方式。工业革命效率的提升，除了使用机器外，很重要的一点是标准化生产。所以说，例行性工作按照计划执行是高效的，如工厂中生产工人的生产，快递员、外卖员的配送等。非例行工作，特别是一些创新性工作，是无法严格按照计划去执行的，往往需要给自己留一点机动时间，或者调整计划。好的时间管理，是规划性和灵活性相结合。

（四）只有大忙人才需要时间管理，有足够时间就不需要

大忙人当然需要时间管理，因为事情多，时间不够用，需要做好规划，做重要的事情，授权一些比较重要的事情，放弃一些不重要的事情。

其实，不忙的人也是需要时间管理的。想想一个人为什么不忙呢？因为事情少，为什么事情少呢？因为他不知道自己要做什么，也就是缺少目标。

所以说，忙的人时间管理的核心是：把事情按重要性分类排出优先级，提高做事的效率等。不忙的人时间管理的核心是：树立目标，找到自己要做的事情，把自己的时间用到有意义的事情上面。

💬 课堂互动

时间管理工具

1. 活动目的

提高时间利用效率。

2. 活动步骤及说明

用"80/20 法则"分配时间，"80/20"法则也叫帕累托法则，其一般工作步骤如下。
第一步，列出事项清单。
第二步，工作价值分类（分价值 80%的工作和价值 20%的工作两类）。
第三步，分配时间和精力。

📖 学习反馈

制订时间管理计划

用文字或图表等形式制订你未来一年的时间管理计划。

_____

_____

_____

_____

任务二　建立良好的人际关系

一、人际关系的重要性

（一）好的人际关系能够影响信息的获取

信息时代，谁能先人一步获取及时、准确、有价值的信息，谁就会掌握工作和竞争的主动权。那些能够领先一步抓住机会的人，通常是因为他们能比周围的人更早地获取了有价值的信息。良好的人际关系可以拓宽自己的信息获取渠道，让自己在职场中有更多的机会同他人实现资源共享，从而获得比别人更多、更有价值的信息，当然，也包括那些无法公开的内部信息。

（二）好的人际关系能够提高沟通的效率

现代企业的一个最大特点就是高度协同化，如生产企业，无论是上游的供应商还是下游的客户，所有的工作推进都需要合作伙伴间高效率的协作。在企业内部，各个部门间、各个团队间、组织成员与成员之间同样需要高效率的合作，而每一个环节的协作过程都离不开"人"这个要素。有人的存在，就不可避免地产生沟通活动，能否有效处理与合作对象的人际关系，直接影响到沟通的效率，进而影响到工作的结果。

（三）好的人际关系能够拓展事业的广度

每个人的阅历不同，成长背景不同，眼界和能量也存在差异，只有与别人进行沟通、交流，实现资源的共享，才能更大程度地增加自己的资源，拓展事业的广度。好的人际关系能够帮助自己积累更多的人脉资源、获得更多的稀缺资源，增加自己的职场竞争力。

二、人际交往的原则

（一）相互性原则

人际关系的基础是彼此间的相互重视与支持。任何个体都不会无缘无故地接纳他人。喜欢是有前提的，相互性就是前提，人们喜欢那些也喜欢自己的人。人际交往中的接近与疏远、喜欢与不喜欢是相互的。

（二）交换性原则

人际交往是一个社会交换过程。交换的原则是：个体期待人际交往对自己是有价值的，即在交往过程中的得大于失，至少等于失。人际交往是双方根据自己的价值观进行选择的结果。

（三）自我价值保护原则

自我价值是个体对自身价值的意识与评价。自我价值保护是一种自我支持倾向的心理活动，其目的是防止自我价值受到否定和贬低。由于自我价值是通过他人评价而确立的，个体对他人评价极其敏感。对肯定自我价值的他人，个体对其认同和接纳，并予以肯定与支持，而对否定自我价值的他人则予以疏离，此时可能激活个体的自我价值保护动机。

（四）平等原则

在人际交往中总要有一定的付出或投入，交往双方的需要和这种需要的满足程度必须是平等的，平等是建立人际关系的前提。人际交往作为人们之间的心理沟通，是主动的、相互的、有来有往的。人都有友爱和受人尊敬的需要，都希望得到别人的平等对待，人的这种需要就是平等的需要。

（五）相容原则

相容是指人际交往中的心理相容，即指人与人之间的融洽关系，以及与人相处时的容纳、包涵、宽容及忍让。要做到心理相容，应注意增加交往频率，寻找共同点，做到谦虚和宽容。为人处世要心胸开阔，宽以待人。要体谅他人，遇事多为别人着想，即使别人犯了错误或冒犯了自己，也不要斤斤计较，以免因小失大，伤害相互之间的感情。只要干事业、团结有力，做出一些让步是值得的。

（六）信用原则

信用是指一个人诚实、不欺骗、遵守诺言，从而取得他人的信任。人离不开交往，交往离不开信用。要做到说话算数，不轻许诺言。与人交往时要热情友好、以诚相待、不卑不亢，端庄而不过于矜持，谦逊而不矫饰作伪。要充分显示自己的自信心，一个有自信心的人，才可能取得别人的信赖。做事果断、富有主见、精神饱满、充满自信的人就容易激发别人的交往动机，博取别人的信任，产生使人乐于与自己交往的魅力。

（七）理解原则

理解主要是指体察了解别人的需要，明了他人言行的动机和意义，并帮助和促成他人合理需要的满足，对他人生活和言行的有价值部分给予鼓励、支持和认可。

上述人际交往的基本原则，是处理人际关系不可分割的几个方面。运用和掌握这些原则，是处理好人际关系的基本条件。

三、人际关系管理的方法

（一）摆正自己的心态

出色的人有很多，不够出色的人也有很多。不必去羡慕或嫉妒那些比自己强的人，也不要瞧不起那些比自己差的人。好的心态无论在什么时候、什么场合都是非常需要的，特别是在非常得意和非常失意的时候。一个人的心态会通过其肢体语言表达出来，周围的人也会通过他的反应来给他定位。

（二）要有颗诚恳的心

对人真诚善良是不会缺少朋友的。当别人向自己求助时，能够帮上忙的一定要尽力而为。即使身边的一些朋友不是自己所喜欢的，也要一视同仁。当然，诚恳不是说要做老好人、不懂得拒绝别人不合理的要求，而是不必过于委屈自己，只是在别人需要帮助的时候，尽自己的一份力就好。

（三）讲究信用

要"言必行，行必果"，答应做到的事情不管有多难，都要千方百计、不遗余力地办到。如果经再三努力都没有办到，则应诚恳地说明原因，不能有凑合、应付的思想。守信用者能交真朋友、好朋友，不守信用者只能交一时的朋友或终将被抛弃。坚持信用原则，要做到有约按时到，借物按时还，不胡乱猜疑，不轻易许诺，不信口开河。

（四）宽容大度

大学生个性较强，接触密切，不可避免地会产生矛盾，这就要求大学生在交往中不要斤斤计较，而要谦让大度，克制忍让，不计较对方的态度和言辞，并勇于承担自己的行为责任，做到"宰相肚里能撑船"。宽容与克制并不是软弱、怯懦的表现。相反，它是有度量的表现，是建立良好人际关系的润滑剂。

（五）人际关系的影响因素、过程和测量

人际关系是社会关系的一个侧面，其外延很广，包括朋友关系、夫妻关系、亲子关系、同学关系、师生关系、同事关系等。它受生产关系的决定和政治关系的制约，是社会关系中较低级的关系。同时，它又渗透到社会关系的各个方面之中，是社会关系的"横

断面"，因而又反过来影响社会关系。它对群体内聚力的大小、心理环境的好坏有直接的重要作用。

人际关系的形成包含认知、情感和行为三种心理因素的作用。认知因素包括对他人和自我的认知，是人际知觉的结果。情感因素是指交往双方相互间在情绪上的好恶程度及对交往现状的满意程度，还包括情绪的敏感性及对他人、对自我成功感的评价态度等。行为因素主要包括活动的结果、活动和举止的风度、表情、手势以及言语，即所能测定与记载的一切量值。在这三个因素中，情感因素起着主导作用，制约着人际关系的亲密程度、深浅程度和稳定程度。可见，情感的相互依存关系是人际关系的特征。一般来说，在正式组织关系中，行为因素是调节人际关系的主导因素；在非正式组织关系中，情感因素承担着主要的调节功能。

1. 影响因素

和谐的人际关系有利于满足人们心理和交往的需要，有利于发挥人们的积极性和创造性。影响人际关系密切程度的因素如下。

（1）距离远近

人与人之间在地理位置上越接近，越容易发生人际交互关系，相互建立紧密的联系。

（2）交往频率

相互交往、接触次数越多，越容易形成密切关系。

（3）观念的相似性

人与人之间有着共同理想、信念、价值观和人生观，对某些问题的看法、观点相同或相似，则比较容易形成密切关系。

（4）兴趣爱好的一致性

兴趣爱好相同的人在一起不仅有共同语言，而且谈话投机，彼此可以从对方得到教益和启发，因而容易形成密切的人际关系。

2. 过程

人际关系的建立与发展过程，实际上是一个情感卷入和交往由浅入深的过程。在这个过程中，交往双方通过采用自我暴露的方式来增加相互间的接纳性和信任感。自我暴露水平越高，表明人际关系交往水平越深。

根据交往双方的情感卷入水平、自我暴露水平的不同，奥尔特曼认为良好的人际关系的建立和发展需要经历四个阶段，分别为定向阶段、情感探索阶段、感情交流阶段和稳定交往阶段。

（1）定向阶段

定向阶段包括对交往对象的注意、选择和初步沟通等心理活动。

（2）情感探索阶段

随着双方共同情感领域的发现，双方的沟通也越来越广泛，自我暴露的深度与广度也逐渐增加。人们的话题仍避免触及别人私密性的领域，自我暴露也不涉及自己基本的方面。

（3）感情交流阶段

人际关系发展到这个阶段，双方关系的性质开始出现实质性变化，此时的人际关系的安全感已经确立，谈话也开始广泛涉及自己的许多方面，有较深的情感卷入。

（4）稳定交往阶段

人们心理上的相容性会进一步增加，自我暴露也更加广泛、深刻，可以允许对方进入自己高度私密性的个人领域，分享自己的生活空间和财产。

3. 测量

人际关系与社会文化及人们的社会角色有着密切的联系，心理学研究者们一直在探索如何科学和系统地测量人际关系。以下是一些测量人际关系的方法。

（1）社会测量法

测量人际关系常用的是心理学家莫里诺 1934 年提出的社会测量法。社会测量法是一种测量团体（特别是小团体）内成员之间人际关系和人际相互作用模式的方法。社会测量法的基本假设是团体内部存在不同程度的相互作用，使得各个成员在不同程度的积极与消极人际情感的基础上形成一种非正式组织，这种相互偏爱和疏远的关系会对团体的士气和效率产生显著的影响。

（2）参照测量法

参照测量法是心理学家彼得罗夫斯基创立的方法，这是一种测量群体最能发挥作用和最有影响力任务的一种方法，它从个性品质、行为方式和意见、目标方式方面揭示对被测量个体均有意义的权威人物，即把一个人所属的群体内部潜藏的参照体系揭示出来。与社会测量法相比，参照测量法具有更为丰富的群体分化特征和群体中人际关系的价值标准，而不仅仅局限于好恶感。

（3）贝尔斯测量法

美国心理学家贝尔斯在 1950 年创立了一种分析群体内人际关系的方法。他根据相互作用理论提出社会行为分类理论，把相互作用的类型划分为最小到可以作为实验观察的单位，认为只要考察人们的相互作用的全过程，就能测量出群体内人际关系的性质。他将人的相互作用的变量划分为 4 类 12 项：

肯定情感：支持情感、表示满意和和睦。

否定情感：反对和贬低、表示不满和不和睦。

提出问题：询问资料、征求建议和请求指示。

解决问题：提供资料、表示意见和给予指导。

💬 课堂互动

自我管理技能探索

1. 活动目的

掌握自我管理的技巧。

2. 活动说明

1）以班级为单位，将全体学生分为若干个小组，每个小组以 6~10 人为宜。

2）以小组为单位，各组讨论自我管理的技巧。例如，某小组成员讨论控制住自己的负面情绪是自我管理的技巧，具体做法是，在生活中需要有意识地保持冷静，可以用便利贴提醒自己，也可以在手机上录制提醒标签。

📚 学习反馈

改善和周围人的关系

学会换位思考，站在别人的立场上体会、感受情绪可以改善人际关系。你还有哪些改善和周围人关系的技巧？

_____

_____

_____

任务三　建立正向沟通模式

一、高效沟通

（一）沟通概述

沟通是指信息凭借一定的符号载体，在个体或群体间进行传递，并获取理解的过程。

沟通的内涵是信息的传递和理解。

沟通是一个过程，沟通的完整过程如图 6-1 所示。

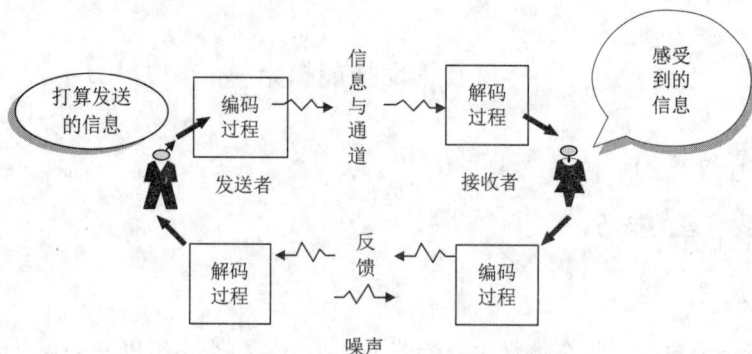

图 6-1　沟通的完整过程

从沟通的过程可以看出，人与人之间的沟通，不是简单的信息传递，而是通过信息载体，使沟通双方获得一致的信息和感受。信息在沟通传递过程中，是不能完全为对方所理解和把握的，而是受信息接收方的主观因素影响而减少。沟通过程中的信息递减规律称为"沟通的漏斗"，如图 6-2 所示。

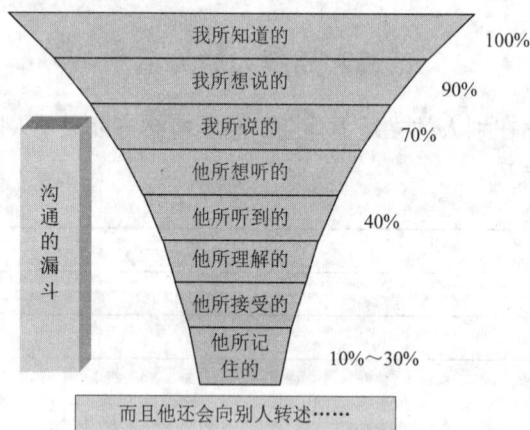

图 6-2　沟通过程中的信息递减规律

"沟通的漏斗"不但形象地阐明了沟通信息减少的影响因素，也有助于理解不可能要求信息接收方对信息接收完全并理解。因此，要想提高沟通效率，改善沟通效果，除了要提高自我表达能力外，还要重点了解对方及其沟通特点，这是努力的方向。

关于沟通，还有一个著名的"7、38、55 法则"：一个人决定要不要接受另外一个人所说的话，有 7%来自对方所说的内容（是否易懂），有 38%来自对方说话的声音和语调（是否好听），有 55%来自对方的外形和肢体语言（是否顺眼）。也就是说，有效沟通中信息的理解与判断的依据，有 7%是说话的内容，有 38%是说话的语调，有 55%是外形与肢体语言。因此，有效沟通离不开听、看、问、说四个方面。在沟通时，应尽量提高内容、声音、肢体动作的一致性，以增强沟通效果。

（二）有效沟通的基本原则

1. 目的性

有明确的沟通目标，重视沟通的准备和计划，注意时机、策略和细节，通过简洁而灵活的方式，才能达到沟通的预期目标。

2. 及时性

信息具有时效性，信息只有得到及时反馈才有价值。在沟通时，不论是向下传达信息还是向上提供信息，或者与横向部门沟通信息，都应遵循及时性原则。遵循这一原则可以使自己容易得到各方的理解和支持，同时可以迅速地了解他人的思想和态度。在实际工作中，沟通常因信息传递不及时或接收者重视不够等原因而使沟通效果大打折扣。

3. 准确性

所传递的信息必须全面完整、准确无误，所用的语言和方式应能为对方所理解，不被对方断章取义或误解。

（三）沟通的种类

根据信息载体的不同，沟通可以分为言语沟通和非言语沟通。言语沟通建立在语言文字基础上，又可分为口头沟通和书面沟通两种。

1. 口头沟通

绝大部分的信息是通过口头传递的。口头沟通方式十分灵活多样，它既可以是两人间的娓娓深谈，也可以是群体中的雄辩舌战；既可以是正式的磋商，也可以是非正式的聊天。

优点：信息可在最短时间内被传送，并在最短时间内得到对方回复。如果接收者对信息有疑问，迅速地反馈可使发送者及时检查其中不够明确的地方并进行改正。

缺点：信息在传送者的一段段接力式传送过程中，存在巨大的信息失真可能性。每个人都以自己的偏好增删信息，以自己的方式诠释信息，当信息经过长途跋涉到达终点时，其内容可能会与最初的含义存在较大的偏差。

2. 书面沟通

书面沟通就是要先确定想要表达的主要意思，然后用合适的方式将它表达出来。不管使用何种书面沟通方式，都要保证表达能够被理解。

优点：能够有形展示、长期保存，可以作为法律依据，对于复杂或长期的沟通来说，这点尤为重要；同时，由于要把想表达的内容写出来，可以促使人们更加认真地思考信息。因此，书面沟通较口头沟通显得更加周密、条理清晰。

缺点：相对于口头沟通而言，书面沟通耗费时间较长，不能及时提供信息反馈，无法确保所发出的信息能够被接收到。

3. 非语言沟通

非语言沟通是指通过某些媒介而不是讲话或文字来传递信息。非语言沟通的内涵十分丰富，包括副语言沟通、身体语言沟通和物体的操纵信息沟通等多种形式。

（1）副语言沟通

一句话的真正含义，很多时候不仅取决于其表面意思，而且取决于它的弦外之音。因而，副语言分为口语中的副语言和书面语中的副语言：口语中的副语言是通过非语言的声音，如重音、声调的变化、哭、笑、停顿来实现的；书面语中的副语言是通过字体变换、标点符号的特殊运用以及印刷艺术的运用来实现的，如某几个字加着重号或用黑体强调。

（2）身体语言沟通

身体语言沟通是指用形体语言（目光、表情、手势、动作）、空间距离、衣着打扮等形式来传递或表达沟通信息。

（3）物体的操纵信息沟通

除了运用身体语言之外，人们也能通过物体的运用、环境布置等手段进行非语言的沟通。

二、培养沟通能力

只有将语言沟通和非语言沟通的技巧有机地结合起来，并在实际沟通中最大化地加以运用，才能切实提高沟通能力。

（一）注意运用语言的艺术

语言艺术运用得好，就能吸引和抓住对方，调动彼此倾谈的激情、兴趣。相反，如果不注意语言艺术，往往在无意间就出口伤人，产生或激化矛盾。掌握人际沟通的语言艺术的方法有以下几种。

1. 称呼得体

称呼反映出人们之间心理关系的程度。恰当得体的称呼能使人获得一种心理满足，使对方感到亲切，交往便有了良好的心理气氛；称呼不得体，往往会引起对方的不快甚至反感，使交往受阻或中断。所以，在交往过程中，要根据对方的年龄、身份、职业等具体情况及交往的场合、双方关系的亲疏远近来决定对对方的称呼。对长辈的称呼要尊敬，对同辈的称呼要亲切、友好，对关系密切的人可直呼其名，对不熟悉的人要用敬词。

2. 说话注意礼貌

正确运用语言，表达清楚、生动、准确、有感染力、逻辑性强，少用俚语和方言，切忌滥用辞藻，含含糊糊；语音、语调、语速要恰当，要根据谈话的内容和场合，采取相应的语音、语调和语速；讲笑话要注意对象、场合、分寸，以免笑话讲得不得体，伤害他人的自尊心或者造成尴尬的局面。

3. 适度地称赞对方

每个人都希望别人赞美自己的优点。如果能够发掘对方的优点并对其进行赞美，对方就会很愿意与自己多沟通。但是赞美要适度，要真诚，要有具体的内容，绝不能曲意逢迎、盲目奉承。

4. 避免争论

年轻人喜欢争论，但争论往往是在互不服输、面红耳赤、不愉快甚至演化成直接的人身攻击或在严重的敌意中结束，这对人际关系的有害影响是显而易见的。因此，大学生要尽量避免争论，要通过讨论、协商的途径解决分歧。最终要以求同存异的方式，既表明必要的原则性，又不伤害彼此的友谊，不强加于人，相互有保留的余地。

（二）非语言沟通技巧

1. 恰当运用面部表情

非语言沟通在日常活动的沟通中占有重要的位置。在日常沟通中，语言沟通仅仅占 7%，高达 93%的沟通是非语言的，其中 55%是通过面部表情、形体姿态和手势传递的，38%是通过音调传递的。面部表情是内心情绪的外在表现，能表达人的态度和情感，如眉飞色舞表示内心高兴，怒目圆睁表示愤怒等。在人际交往中根据谈话的内容和场合，正确运用非语言艺术，巧妙地表达自己的思想感情，有时能起到"此时无声胜有声"的作用。但非语言艺术要运用得恰到好处，不可过于频繁和夸张，以免给人矫揉造作之感。

2. 学会有效地聆听

倾听是维持人际关系的有效法宝，几乎所有的人都喜欢听自己讲话的人。在沟通时，作为听者要少讲多听，不要打断对方的谈话，最好不要插话，要等对方讲完之后再发表自己的见解；要尽量表现出聆听的兴趣和恰如其分的肯定和称赞。听别人讲话时，要正视对方，切忌小动作，以免对方认为自己不耐烦；力求在对方的角色上设身处地考虑问题，对对方表示关心、理解和同情；不要轻易与对方争论或妄加评论。

3. 选择正确的距离

人际交往的空间距离不是固定不变的，而是具有一定的伸缩性，这依赖于具体情境，如交谈双方的关系、社会地位、文化背景、性格特征、心境等。不同国家、不同民族，文化背景不同，交往距离也不同。这种差异是由对"自我"的理解不同造成的。社会地位不同，交往的自我空间距离也有差异。了解交往中人们所需的自我空间及适当的交往距离，就能有意识地选择与人交往的最佳距离。而且，通过空间距离的信息，还可以很好地了解一个人的实际的社会地位、性格以及人们之间的相互关系，更好地进行人际交往。

（三）掌握沟通的技巧

真正有效的信息沟通并非一日之功，下列技巧有助于提高沟通能力，解决信息沟通中的难题，使沟通更富成效。

1. 培养有效的聆听习惯

人与人之间的交流充满变数，既复杂又具有挑战性。设身处地是成功交流的一个关键因素。聆听，但不要受他人情绪的感染。他人有难处时，应设身处地理解他人，但不能为这种情感左右。必须为自己留一份精力去做自己的事。记住，不要做一块海绵，不论好坏什么都吸收。

2. 反馈

一般来说，反馈是事实和情感因素的结合。交流中的实质信息和关系信息很容易给人带来误解，从而招致不满。因此，在提供反馈意见时，应强调客观公正，不要妄作评判或横加指责。听取别人的反馈时，则要抓住其中对自己有价值的东西，不要计较对方的身份和交流的方式，做到言者无罪，闻者足戒。

3. 诚实

诚实是人与人沟通时最基本、最重要的品质，虽然有时实话实说很伤人，但忠言逆耳，诚实的品质最终能帮助人们建立稳固长久的关系。因此，诚实非常重要。如果在与人的交往中有什么困扰，尽量直接说出来，以免小事变大，到头来更难处理。

4. 制怒

当对方怒气冲冲时，如何使其冷静？在此提供几个小方法：让对方的怒气发泄出来，表示体谅对方的感受，询问是否需要帮助等。一般情况下，最恰当的解决方法是，找出对方发怒的原因，从源头上去解决。

5. 果断决策

当自己疲惫不堪、心中烦恼或忙得无法分身时，要坦然地说出来，另外找一个时间，使自己处于最佳状态时再来处理事务。如果优柔寡断、迟疑不决，则可采用以下步骤补救：回顾所有事实；反复过滤各种可行方案；选择最佳方式，哪怕这意味着自己要多受点委屈；一旦决策，立即行动。

6. 不必耿耿于怀

如果在交流中出现失误，让自己失望或受到伤害，不要放在心上。不妨问一下自己，想不想背上这个包袱？自己能从中得到什么？一旦尽心尽力地澄清了交流中出现的失误，就要为自己付出的努力骄傲，该过去的就让它过去。

💬 课堂互动

解 手 链

1. 活动目的

体会个人能力无法解决问题的时候，或当一个环节出现问题的时候，从全局角度出发去解决它。

2. 活动步骤及说明

1）将全体学生分成若干个小组，每组学生站着围成一个圆圈。
2）每个学生先用自己的右手握住左手边那个人的右手，再用自己的左手握住右手边那个人的右手，这样每个人都是双手交叉地手拉着手。在不松开彼此的手的情况下，通过转动身体等动作，做到正常的手拉手状态。

3. 活动感受

你开始的感觉怎样？是否感觉思路混乱？当解开一点以后，你的想法是否发生变化？问题解决以后，你是否感觉很开心？

学习反馈

沟通中遇到的问题及反思

回忆你最近遇到的与人沟通时间最长的一件事，总结并写出你在沟通中遇到的问题，以及你是如何反思的。

_____

_____

_____

_____

任务四　培养团队合作能力

一、团队合作的功能

以团队为基础的工作方式可以提高团队成员的职业道德水平，团队力量的发挥是组织赢得竞争的必要条件，团队精神可以使组织保持活力、焕发青春，积极进取。所谓团队精神，简单来说就是大局意识、协作精神和服务精神的集中体现。团队精神要求有统一的奋斗目标或价值观，而且需要信赖，需要适度的引导和协调，需要正确而统一的企业文化理念的传递和灌输。团队精神强调的是团队成员间的合作态度，为了一个统一的目标，团队成员自觉地认同肩负的责任并愿意为此目标共同奉献。团队合作所体现的主要是团队精神，其功能如下。

（一）目标导向功能

培养团队精神，能够使员工齐心协力，拧成一股绳，朝着一个目标努力。对单个成员来说，团队要达到的目标即是自己所努力的方向，团队整体的目标顺势分解成各个小目标，在每个员工身上得到落实。

（二）凝聚功能

任何组织群体都需要一种凝聚力，传统的管理方法是通过组织系统自上而下的行政指令，淡化了个人感情和社会心理等方面的需求，而团队精神则通过对群体意识的培养，通过员工在长期的实践中形成的习惯、信仰、动机、兴趣等文化心理，来沟通人们的思想，引导人们产生共同的使命感、归属感和认同感，并反过来逐渐强化团队精神，产生一种强大的凝聚力。

（三）激励功能

团队精神要靠员工自觉地要求进步，力争向团队中最优秀的员工看齐。通过员工之间正常的竞争可以实现激励功能，而且这种激励不是单纯停留在物质的基础上，还能得到团队的认可，获得团队中其他员工的尊敬。

（四）控制功能

员工的个体行为需要控制，群体行为也需要协调。团队精神所产生的控制功能，是通过团队内部所形成的一种观念的力量、氛围的影响，去约束、规范、控制员工的个体行为。这种控制不是自上而下的硬性强制力量，而是由硬性控制向软性内化控制；由控制员工行为转向控制员工的意识；由控制员工的短期行为转向对其价值观和长期目标的控制。因此，这种控制更为持久，更有意义，而且容易深入人心。

二、培养团队精神

要培养团队精神，必须注重以下能力和品质的培养。

（一）培养表达与沟通的能力

表达与沟通能力是非常重要的，不论一个人做出了多么优秀的成绩，如果不会表达，不能让更多的人去理解和分享，就都谈不上成功。例如，作为辩论赛的一员，不管是组织者、辩手、评委还是主席，只有注重各团队之间的交流与沟通，注重培养各个小团队精神，才能逐渐上升为大团队精神，才能使整个辩论赛活动圆满成功。

（二）培养主动做事的品格

每一个人都有成功的渴望，但是成功不是等来的，而是靠努力做出来的。任何一个团队的成员都不能被动地等待别人告诉自己应该做什么，而应该主动去了解团队目标要自己做什么，自己想要做什么，然后进行周密规划，并全力以赴地去完成。

（三）培养敬业的品格

团队成员要具有敬业的品质。有敬业精神，才能把团队的事情当成自己的事情，有责任心，才能充分发挥自己的聪明才智。

（四）培养宽容与合作的品质

成功的潜在危机是忽视了与人合作或不会与人合作。有些人的动手能力强，点子也不错，但当他的想法与别人的不一致时，就会固执己见，不知如何求同存异；有的团队成员谈到自己的同事时，对同事很挑剔，缺乏客观看待事情的品质。实际上，团队中的每个人都各有长处和短处，关键是团队成员之间以怎样的态度去看待，要能够在平常之中发现别人的美，而不是挑别人的毛病。培养自己求同存异的素质，对培养团队精神尤其重要。这需要我们在日常生活中，培养良好的与人相处的心态，并在日常生活中加以运用。这不仅是培养团队精神的需要，也是获得人生快乐的重要方面。

（五）培养全局意识、大局观念

团队精神不反对个性张扬，但个性必须与团队的行动一致，要有整体意识、全局观念，考虑团队的需要。团队成员要互相帮助，互相照顾，互相配合，为集体的目标而共同努力。所以在工作中，有意识地培养全局观念极为重要。

三、团队合作的技巧

（一）平等友善

与人相处的第一步便是平等。不管是资深的老员工，还是新员工，都需要丢掉不平等的观念，无论是心存自大或心存自卑都是与人相处的大忌。同事之间相处具有相近性、长期性、固定性，彼此都有较全面、深刻的了解。真诚相待才能赢得同事的信任，信任是联结同事间友谊的纽带，真诚是同事间相处共事的基础。即使自己各方面都很优秀，即使认为自己以一个人的力量就能解决眼前的工作，也仍要平等友善地对待对方。

（二）善于交流

知识、能力、经历等差异造成人们在对待和处理事情时，会产生不同的想法。交流是协调的开始，要敢于把自己的想法说出来，并倾听对方的想法，可以这样说："你看这事该怎么办？我想听听你的看法。"

（三）谦虚谨慎

因为谁都在自觉不自觉地维护自己的形象和尊严，所以，对自己要轻描淡写，要学会谦虚谨慎，只有这样，才会受到别人的欢迎。

（四）化解矛盾

一般而言，与人交往时有点小想法、小摩擦、小隔阂，是很正常的事，但千万不要把这种"小不快"演变成"大对立"，甚至成为敌对关系。对别人的行动和成就表示真正的关心，是一种表达尊重与欣赏的方式，也是"化敌为友"的纽带。

（五）接受批评

从批评中寻找积极成分。如果别人对自己的错误大加抨击，即使带有强烈的感情色彩，也不要与之争论不休，而是从积极方面来理解他的抨击。这样，不但对改正错误有帮助，也避免了语言敌对场面的出现。

（六）与团队目标相一致

谈到团队精神的最高境界，就不得不说共同目标。明确的共同目标是产生凝聚力的前提。共同目标是一个有意识地选择并能表达出来的方向，它运用团队成员的能力，促进组织的发展，使团队成员有一种成就感。共同目标能为团队成员提供一个合作和共担责任的焦点。如何让自己向着团队的共同目标前进呢？以下方法可供借鉴。

1. 求同存异

每个人都有自己的想法，有自己的小目标，但是在团队里面，要想具备团队精神，就必须学会求同存异。"同"就是团队的共同目标，要向共同目标靠拢，那是大方向；"异"就是个人的小目标，个人的一些观点和看法，在追求共同目标的时候一定要保持自己的看法，不要随大流。

2. 树立阶段目标

当共同目标与自己的观点差别很大时，要学会树立阶段小目标，分阶段地慢慢向共同目标靠拢。

3. 目标必须是具体的

树立的目标必须是可以衡量的、符合实际的，而且与共同目标有关联性，否则只能挫败自己的自信心。

4. 处理好生活和工作的关系

在处理家庭与事业的问题时，关键在于在两者之间找到一个平衡点，并不一定非得牺牲一方成就另一方。在初涉职场时就要做好关于职业和生活的周密规划，将一些突发事件的解决和缓解措施都做到位，同时在发展进程中不断调整和改善。只有未雨绸缪，才能减少生活和工作的冲突问题。

在工作中体现整体目标是非常重要的，只有这样才能保持各个部分之间的协同，才能使团体效率最大化。

💬 课堂互动

蒙眼排队游戏

1. 活动目标

理解团队和团队精神的内涵，学会沟通和团队合作。

2. 活动过程

1）把全体学生分成若干小组，其中一组成员到一个空场地围成一个圆圈站好。

2）指导教师宣布：开始 1 分钟的小组沟通（不能透露任何任务信息）。

3）沟通时间到了以后，提醒戴眼镜的人摘下眼镜，然后给每个成员分发眼罩。

4）要求每个成员戴上眼罩，原地转 2 圈。

5）指导教师分别给每个成员发号码牌（事先准备好），并让成员摘下眼罩确认自己的号码，然后重新戴上眼罩。

6）指导教师宣布任务：请小组成员在 3 分钟内，按号码牌的大小顺序排成一排，在排队过程中，不允许发出任何声音。

7）其他小组成员观察排队结果。

8）换另外一个小组，重复以上步骤，对比两组的过程和结果。

9）参与活动者代表与观察者代表分别做总结发言。

📖 学习反馈

团队合作经历与反思

团结，是由多种情感聚集在一起而产生的一种精神，团结并不只存在于志同道合的人群中。把你关于团队合作的个人总结、反思分享给身边的人吧。

_____

_____

_____

_____

拓展阅读

沟通能力强的人拥有的三点特质

在生活中，真正情商高的人往往拥有很强的沟通能力。沟通能力决定了情商的高低，如果想要提升自己的情商能力，就必须提升自己的沟通能力。

沟通能力强的人，往往拥有以下三点特质。

1. 强大的共情能力

共情能力是进入对方世界的能力。对于每个人来，共情能力才是彼此建立连接的关键。共情能力能够使人们通过沟通和别人发生共鸣。共情能力需要人们全然去感受对方，感受对方真实的需求和心声。如何和对方共情，还需要懂得倾听对方。

真正的情商高手都是懂得倾听的，在人际关系中，他们往往不会急于去表达自我，而是懂得安心、安然地倾听。越懂得专注倾听别人，就越能够抓住对方的需求。

在人际关系沟通中，多倾听、少说，以及放下自我的看法和情绪，共情能力就会慢慢提升，也更能读懂别人的弦外之音。

2. 能够快速地读懂他人的需求

人和人是不同的，但是人的基本属性是相通的，每个人都有自己的需求。在沟通中，需求是建立沟通的开始，也是沟通能够持续的关键。

真正的沟通高手懂得找到彼此的共性和需求，这样才是彼此建立沟通和连接的开始。沟通能力强的人能够懂得人和人的需求点是不一样的。人的需求是分层次的，高层次的人的追求是精神上的，而低层次的人追求的是感官上或者物质上的刺激。

找到对方的内在需求点，往往就能和对方建立合作，更能帮助自己和他人好好相处，形成价值和利益的联盟体。

3. 懂得管理自己的情绪

真正沟通能力强的人，会时刻觉察自己的情绪，通过情绪的觉察，让自己拥有一个较为平静的状态，在这个状态下，才会保持平和的心境。

好的沟通更多来自人们对情绪的驾驭，也来自人们对情绪的了解，更来自人们对情绪的疏通。在和他人沟通时，能够在别人愤怒的时候，看到对方真实的心声，往往对方就会真正安静下来。当别人在抱怨的时候，其实也是请求和寻求帮助的时候。

能看懂他人情绪背后的需求，就不会被别人的情绪所影响，而是通过对对方的深刻察觉，快速进入其内在世界，这样自然就会拥有影响他人的能力。

（资料来源：根据网络资料整理改编。）

实践作业

人际交往破冰训练

1. 学会赞美

10 个人一组，围成圈坐。小组成员轮流坐在中间，向大家介绍自己。其他成员根据自己对介绍者的了解，注视着他，实事求是地赞扬他的优点。句式是："你是一个……的人，我欣赏你的这点。""我喜欢你的……你真棒。"

1）与小组成员分享别人赞扬自己时的感受。

2）自己是否发现了这些优点？当别人说出自己没有发现的优点时，有什么感受？

3）讨论赞美在人际交往中的作用及赞美的技巧。

2. 兴趣话题的展开

在人际沟通中，我们不要忽视了一点，即满足他人的兴趣。不能只顾自己的喜乐爱好，想怎么说就怎么说。一旦你的兴趣与他人产生冲突，就会给你的社交设置一种障碍。记住：要谈论他人最为重视的事情，谈论别人感兴趣的话题。

两个人一组交流共同感兴趣的话题：

话题一：_____

话题二：_____

谈谈如何找到共同话题？话题切入点是什么？

_____
_____
_____
_____
_____

项目七 就业权益

目标与任务

- ➤ 了解一般权利。
- ➤ 了解无效协议。
- ➤ 了解解除就业协议的方式。
- ➤ 了解就业协议书的违约责任。
- ➤ 了解常见的求职陷阱。
- ➤ 熟悉择业过程中享有的权利。
- ➤ 熟悉就业过程中享有的权利。
- ➤ 熟悉就业协议书的内容。
- ➤ 熟悉就业协议书签订的原则。
- ➤ 熟悉劳动合同应具备的条款。
- ➤ 熟悉劳动合同的履行、变更、解除与终止。
- ➤ 掌握就业协议书签订的流程。
- ➤ 掌握就业协议书与劳动合同的区别。
- ➤ 掌握有关就业权益保护的法律法规。

签订就业协议要留余地

某校大学生小李因为打算考研，所以并未花多少时间找工作，而是把绝大部分的精力放在了备战考研上。考研结束后，他便立即准备各种求职材料，寻找面试机会。他第一次面试就取得了成功，用人单位对他的自信和获得的多种荣誉给予了肯定。在研究生考试成绩出来的前几天，小李与用人单位签订了就业协议书。他在查询到自己的研究生考试成绩比录取分数线高出很多时，就考虑与用人单位解除就业协议。经过慎重考虑，他最后选择了攻读硕士研究生，与用人单位解除了就业协议，并向用人单位支付了违约金。

分析：就业协议书一经毕业生、用人单位签署就具有法律约束力，任何一方当事人都不能擅自解除，否则违约方应向权利受损方支付协议条款所规定的违约金。大学毕业生如果未来（如考研、出国等）需要与用人单位解除就业协议，可以与用人单位事先约定解除就业协议的条件。大学毕业生在与用人单位签订就业协议书前就应该慎重考虑清楚，尽量避免出现案例中的情况。

任务一　了解毕业生的就业权益

一、一般权利

（一）劳动报酬权

劳动报酬权是指劳动者依照劳动法律关系，履行劳动义务，由用人单位根据按劳分配的原则及劳动力价值支付报酬的权利。《劳动合同法》规定了试用期最低工资标准，保障了毕业生初次就业时在试用期的劳动报酬权；《工资支付暂行规定》规定，因劳动者本人原因给用人单位造成经济损失的，用人单位可按照劳动合同的约定要求其赔偿经济损失。经济损失的赔偿，可从劳动者本人的工资中扣除，但每月扣除的部分不得超过劳动者当月工资的20%。用人单位在劳动者完成劳动定额或规定的工作任务后，根据实际需要安排劳动者在法定标准工作时间以外工作的，应按相应标准支付150%～300%的工资。这些法律、规定保障了毕业生维持生存所必需的劳动报酬权。

（二）休息休假权

休息休假权是指劳动者在法律规定的工作时间以外进行休息和休养的权利。休息休假权保障了劳动者体力的恢复、保持身体健康和利用休息时间享受文化生活等需求。《劳动合同法》规定用人单位不得强迫或变相强迫劳动者加班，《职工带薪年休假条例》规定符合条件的职工均可以享受带薪年休假，以保障劳动者的休息和休假权利。

（三）劳动保护权

劳动保护权，也称为职业安全卫生权，是指劳动者在劳动过程中的安全和健康应该得到用人单位的保障，以防止伤亡事故和职业病的权利。例如，《劳动法》《中华人民共和国妇女权益保障法》《中华人民共和国残疾人权益保障法》等法律法规规定用人单位有义务对与其建立劳动关系的劳动者，特别是女性、残疾人劳动者按照其身体、生理特点，采取有效的安全和健康保障措施。

二、择业过程中享有的权利

除了上述作为普通劳动者所享有的一般权利外，大学生这个特殊群体在择业过程中还享有许多权利。

（一）接受就业指导权

接受就业指导权，是指大学毕业生有权从学校、社会、国家获得及时、有效的就业指导与就业信息服务。接受就业指导对大学生来说有重大意义，就业指导工作会直接影响毕业生的就业方向、就业意识、就业技巧等。

《中华人民共和国高等教育法》规定高等学校应当为毕业生、结业生提供就业指导和服务。高校除了应将就业指导纳入大学生课程体系外，还应当成立专门的就业服务机构，安排专业人员对毕业生进行就业指导，包括向毕业生宣传国家有关就业的政策方针，对毕业生进行择业技巧的指导，引导毕业生根据国家和社会需要，结合个人实际情况进行择业等，使毕业生能通过接受就业指导准确定位并合理择业。由此可以看出，接受就业指导和服务是大学毕业生的一项重要权益。

（二）就业信息知情权

就业信息知情权，是指大学毕业生拥有及时全面地获取各种应该公开的就业信息的权利。从广义上说，就业信息既包括与毕业生求职择业相关的国家有关方针、政策与法规，也包括国家宏观经济发展状况和各个地区与行业的发展情况，还包括用人单位的规模、性质、产品、市场、企业文化、工作环境、学习培训、福利待遇等单位的总体情况，以及专业需求、上岗条件、未来发展前景等工作岗位的具体信息。就业信息是毕业生择业、就业的基础。

大学生的就业信息知情权包括三方面含义：一是信息公开，即就业信息对任何毕业生来说都应该是公开透明的，任何团体、组织和个人都不得隐瞒、截留用人信息或者公布虚假用人信息；二是信息及时，也就是毕业生获取的信息必须是及时、有效的，不能将过时无利用价值的信息传递给毕业生；三是信息全面，毕业生有权获得准确、完整、全面的就业信息，以便对单位、职位情况有更加深入全面的了解，进而根据自己的实际情况，做出恰当的职业选择。

（三）接受就业推荐权

接受就业推荐权是指高校毕业生拥有被学校如实、公正、及时推荐到用人单位就业的权利。学校的推荐对毕业生的就业有着重大的影响。事实证明，学校的推荐往往在很大程度上影响到用人单位对毕业生的态度。

毕业生享有被推荐权包含以下几方面内容。

第一，如实推荐。高校在对毕业生进行推荐时，应实事求是，根据毕业生本人的实际情况向用人单位进行介绍、推荐，不能故意贬低或随意捧高该毕业生的在校表现。

第二，公正推荐。学校对毕业生进行推荐应做到公平、公正，应给每一位毕业生以就业推荐的机会，不能厚此薄彼。

第三，择优推荐。学校根据毕业生的在校表现，在公正、公开的基础上，还应择优推荐，用人单位在录用毕业生时也应坚持择优标准，真正做到优生优用、人尽其才。

（四）就业选择自主权

就业选择自主权是指在国家就业方针、政策指导下，高校毕业生有按照自己的意愿选择职业的权利，包括自由选择是否从事职业劳动、从事何种职业劳动、何时从事职业劳动、在哪一类或哪一家用人单位从事职业劳动等权利。毕业生的就业选择自主权否定了行政安置和强制劳动，充分体现了毕业生在人才市场自主择业的权利。

（五）平等就业权

平等就业权是指根据国家相关法律法规及政策，高校毕业生在择业过程中享有的平等的权利，不因民族、种族、性别、信仰、身体条件、社会出身等原因受到就业歧视或被排斥、取消、损害其就业机会。这种平等不仅体现在符合招聘条件的毕业生都可以平等地接受学校推荐，参加单位公开招聘，进行公正、平等竞争，而且要求用人单位在录用毕业生和确定福利待遇时要做到公平、公正、一视同仁。

（六）隐私保护权

毕业生在求职择业过程中，不可避免地要将自己的部分信息提供给用人单位，但是这些信息仅限于与应聘岗位招聘条件密切相关的范围之内。不经毕业生同意，任何单位或个人都不得随意发布和使用毕业生的个人信息，用人单位更无权以招聘考核为名过问毕业生的各种隐私。

三、就业过程中享有的权利

（一）过渡期保障权

过渡期保障权是指毕业生在实习期、试用期、见习期所应当享有的保障个人各方面利益的权利。毕业生相对用人单位来说处于弱势地位，由于相关法律法规还不健全，大学生在从学校到职场的过渡期的许多权益往往会受到一些用人单位的侵害。《劳动合同法》规定了试用期期限的设定和试用期工资的最低水平，在一定程度上为劳动者试用期的各种权利提供了保障。

（二）就业签约权

就业签约权是指毕业生与用人单位达成就业意向后，需要通过签订就业协议或劳动合同，将双方的劳动关系或已经达成的约定，以书面形式落实下来，并对双方的责任、权益进行明确的书面说明。不签订就业协议或劳动合同，或是就业协议、合同的内容和条款过于笼统甚至违法违规，都是对大学生就业权益的侵犯。法律更不允许单位或个人采取欺诈和胁迫的方式要求毕业生签订就业协议和劳动合同。

（三）违约求偿权

违约求偿权是指毕业生在与用人单位签订就业协议后，如果用人单位无故违约或解约，毕业生有权要求用人单位进行相应的赔偿。毕业生就业协议一经签订，毕业生、用人单位、学校三方都应严格履行，任何一方不得擅自毁约。如果用人单位无故要求解约，毕业生有权依照《中华人民共和国民法典》（简称《民法典》）要求对方严格履行就业协议，签订劳动合同，否则用人单位应对毕业生承担违约责任，支付违约金。

四、新业态权益维护

传统行业也好，新业态也罢，劳动者都是不可忽视的主体，劳动权益保障都是必须守护的基石。有利必有责，一有风口就蜂拥而至，谈及风险、责任、权益保护就大举后撤的逻辑行不通。资本、技术的力量不管多么强大，最终都要为人民服务，谁忽视了这一点，谁就站在了行业发展的对立面。

（一）主要用工方式

近年来，平台经济迅速发展，创造了大量就业机会，特别是依托互联网平台就业的网约配送员、网约车驾驶员、货车司机、互联网营销师、网络直播等新业态劳动者大幅增加，其中也吸纳了不少高校毕业生在技术、管理、服务等岗位上就业。

从权益维护的角度来看，可以将新就业形态下的用工关系分为以下几种。

1. 标准劳动关系

劳动者和用人单位双方主体均符合《劳动法》规定，劳动者需遵守单位依法制定的规章制度，在用人单位的管理和支配下，为用人单位提供劳动，用人单位按照约定支付劳动报酬等。此情形的用工主要包括全日制用工、非全日制用工以及劳务派遣用工三种形式。

2. 非劳动关系

劳动者无须遵守用人单位的规章制度，在付出劳动的过程中不受用人单位的管理和支配，工作时间自主安排，来去相对自由，一般只用劳动成果与用人单位交换劳动报酬。

3. 非标准劳动关系

非标准劳动关系介于标准劳动关系与非劳动关系之间，即一部分符合标准劳动关系的特征，另一部分符合非劳动关系的特征。

大学毕业生在新就业形态领域内选择就业，应能准确判断与用人单位形成上述三种情形中的哪种用工关系，当权益受到侵害时，能正确运用政策法规有效维护自身合法权益。

（二）权益维护主要方法

为有效维护新就业形态劳动者权益，国家和不少地方已经出台相关政策措施，从劳动报酬、工作时间、职业危害、社会保险、权益维护等方面，不断加大维权力度。下面举例介绍各用工形式下的劳动者权益维护方法。

例1：大学毕业生小王应聘到某配送餐饮网络平台从事信息管理工作。小王和其他配送员一样，都没有与平台公司签订书面劳动合同，但小王需要按照平台负责人要求，遵守平台公司制定的各项规章制度，按时上下班，按约定完成工作任务，每月由平台负责人按工作完成情况核算并支付小王劳动报酬。

这类用工属于标准劳动关系用工。高校毕业生与互联网平台公司之间的用工形式符合标准劳动关系的，依据《劳动法》的规定享受劳动权利，履行劳动义务。如果自身合法权益受到侵害，可按劳动人事争议处理程序规定，通过协商、调解、仲裁、诉讼等方式，依法维护自身合法权益。

例2：大学毕业生小张尚未找到正式工作，他自己购买了一辆车，与网约车平台公司签订了合作协议。小王一次性向平台支付一万元，平台在两年内向小王免费提供网约乘车人员的服务信息，小王可以选择接单，也可以选择不接单，接单获得的服务费用全部归小王所有。

这类用工属于非劳动关系用工。非劳动关系用工的形式多种多样，有雇佣关系、合作关系、承揽关系等。此类劳动者权益维护的重点如下：一是能清晰界定属于哪种用工方式或者合作方式，与公司签订合法有效的协议，具体明确双方的权利义务；二是对照新业态劳动者劳动保障政策法规，明确自己在劳动报酬、社会保险参保、职业危害、权益维护等方面可以享受的权利；三是一旦自身权益受到侵害，就要及时与公司进行协商，协商不成，就权益受到侵害的方面，可请求相关职能部门帮助处理，如可以向公司主管部门、当地工会寻求帮助，需要通过诉讼解决的，及时向人民法院起诉。

例3：大学毕业生小赵与某餐饮配送平台公司负责人口头约定，小赵为平台公司送外卖，其中前20单按一定比例提成劳动报酬，此后接单按照完成订单数量，5单作为一级，逐级提高提成比例，多劳多得，不劳不得。小赵的工作相对固定，但是否接单等不受平台公司制约。

这类用工属于非标准劳动关系用工。如果符合劳动关系某一方面特征，劳动者权益受到侵害，可以参照《劳动法》有关规定维护自身权益。如果劳动者正常出勤，公司支付劳动报酬低于当地最低工资标准、强迫劳动者加班、无故拖欠或克扣劳动者工资等，劳动者都可以向当地有关部门投诉举报。其他不具备劳动关系方面的权益受侵害的，可请求相关职能部门协调处理，需要通过诉讼解决的，应及时向人民法院起诉。

总之，国家越来越重视新业态劳动者的权益维护，今后将会有更多的政策措施有效维护此类劳动者的合法权益。大学毕业生应密切关注新就业形态，依法维护自身劳动保障权益。

💬 课堂互动

试用期的权益

阅读以下材料，讨论公司侵犯了小黄的哪些权益，小黄应如何维权。

应届毕业生小黄被北京一家公司录用，与他一起被录用的还有六名新员工，他们七人被分配到不用的部门，小黄被分配到北京一家电子商城内公司的摊位售卖电子产品。公司经理告诉他这样安排的目的：一是让他熟悉公司的业务，二是为他以后的工作打下基础，三是让他了解市场动态，听取顾客的意见，以便改进公司的产品。三个月试用期过去了，小黄的销售业绩很不错，每个月都超过了公司一开始给自己定的销售目标，小黄认为凭自己试用期的销售业绩，公司没有理由不正式录用自己。他去了公司，经理却告诉他让他回家等消息。小黄等了两个月仍未接到通知，于是打电话到公司询问，却被告知他没有被公司正式聘用。后来他才知道当初与他一同工作的六名新员工都没有被正式聘用，而且他们六人也是在公司的摊位售卖了三个月的电子产品。半年后，小黄无意间来到了这家公司的摊位前，发现摊位前站着一批新的应届大学生。

学习反馈

毕业生的权益有哪些

根据所学内容梳理出毕业生的权益。

_____

_____

_____

_____

任务二　了解就业协议书

一、就业协议书的内容

就业协议书的内容主要包括以下几个方面。

（一）毕业生情况及意见

毕业生情况及意见的主要内容包括姓名、性别、出生年月、民族、政治面貌、培养方式、健康状况、专业、学制、学历、家庭住址、应聘意见等。

（二）用人单位情况及意见

用人单位情况及意见的主要内容包括单位名称、单位隶属、联系人、联系电话、邮政编码、通信地址、所有制性质、单位性质、档案转寄详细地址、用人单位意见、用人单位上级主管部门意见等。

（三）学校意见

学校意见的主要内容包括学校联系人、联系电话、邮政编码、学校地址、院（系、所）意见、学校毕业生就业管理部门意见等。

二、就业协议书签订的原则

（一）主体合法原则

签订就业协议书的当事人必须具备合法的主体资格。如果毕业生在派遣时未取得毕业资格，用人单位可以不予接收而无须承担法律责任。用人单位具有从事各项经营或管理活动的能力。单位应有录用毕业生计划和录用自主权，否则毕业生可解除协议而无须承担违约责任。

（二）平等协商原则

就业协议的双方在签订就业协议时的法律地位是平等的，一方不得将自己的意志强加给另一方。学校不得采用行政手段要求毕业生到指定单位就业（不包括有特殊情况的毕业生），用人单位亦不应在签订就业协议时要求毕业生缴纳过高数额的风险金、保证金。双方当事人的权利义务应是一致的。除就业协议书规定的内容外，双方若有其他约定事项，可在就业协议书的备注中加以补充确定。

三、就业协议书签订的流程

就业协议书的签订是在毕业生与用人单位供需见面、双向选择之后达成一致意见的结果。签订就业协议书的流程如下。

1）毕业生本人在协议书上以文字形式，明确表达自己同意到用人单位工作的意愿，同时签署本人姓名。

2）用人单位人事部门的负责人代表单位签署同意接收该毕业生的文字意见，并签字盖章。若该单位没有人事决定权，则还需要报送其上级主管部门签字盖章，予以批准认可。

3）毕业生所在院（系、所）和学校就业管理部门签署意见并签字盖章。

4）将就业协议书上交就业管理部门审核。

现行的就业协议书一般是一式三份。协议签订后，一份由毕业生保存；一份交学校就业管理部门，作为就业派遣的依据；一份交用人单位，作为接收毕业生就业的凭证，并以此做好相应的人事及其他安排。

四、无效协议

无效协议是指欠缺就业协议的有效要件或违背就业协议订立的原则，从而不发生法律效力的协议。无效协议自订立之日起无效。

就业协议书未经学校签字盖章视为无效，如经学校审查认为对毕业生有失公平，或违反公平竞争、公平录用的原则而不予盖章的就业协议书。

采取欺骗等违法手段签订的就业协议书无效，如用人单位未如实介绍本单位情况，根本无录用计划而与毕业生签订的就业协议书。

无效协议书产生的法律责任应由责任方承担。

五、就业协议书的解除

就业协议书的解除分为单方解除和三方解除两种。

（一）单方解除

单方解除包括单方擅自解除和单方依法或依协议解除。单方擅自解除协议属于违约行为，解约方应对另外两方承担违约责任。单方依法或依协议解除是指一方解除就业协议有法律上或协议上的依据。例如，毕业生未取得毕业资格，用人单位有权单方解除就业协议；毕业生考取研究生后，可解除就业协议。此类单方解除，解除方无须对另外两方承担法律责任。

（二）三方解除

三方解除是指毕业生、用人单位、学校三方经协商，取消已经订立的协议，使协议不再发生法律效力。此类解除是三方当事人真实意愿的体现，所以三方均不承担法律责任。三方解除协议应在就业计划上报就业管理部门之前进行，若就业派遣计划下达后三方再解除，还须经就业管理部门批准办理调整改派。

六、就业协议书的违约责任

就业协议书一经毕业生、用人单位、学校签署即具有法律效力，任何一方不得擅自解除，否则违约方应向权利受损方支付协议条款所规定的违约金。

毕业生违约，除造成本人承担违约责任、支付违约金等后果外，还会造成其他不良的后果，主要表现在以下几点。

1）对用人单位而言，用人单位往往为录用一位毕业生做了大量的工作，有的甚至对毕业生将要从事的具体工作也有所安排。一旦毕业生因某种原因违约，势必使用人单位的录用工作付诸东流。用人单位若重新着手选择其他毕业生，在时间上也不允许，从而使招聘工作变得被动。

2）对学校而言，用人单位往往将毕业生的违约行为归为学校的责任，从而影响学校和用人单位的长远合作。用人单位因为毕业生的违约而对学校的推荐工作表示怀疑，如此下去，必定影响学校以后的毕业生就业，同时影响学校就业计划方案的制定和上报，并使学校的正常派遣工作无法顺利开展。

3）对其他毕业生而言，用人单位到学校挑选毕业生的名额是有限的，一旦与某毕业生签订就业协议书，其他毕业生便缺少了一个到此单位工作的名额。若日后签约的毕业生违约，有些当初希望到该用人单位工作的毕业生由于录用时间等原因，也无法补缺，造成就业信息的浪费，影响其他毕业生就业。

因此，大学毕业生在就业过程中应慎重选择，认真履约。就业协议书生效后一般不允许违约，但因特殊情况其中一方提出违约的，须经学校和另一方同意后才能办理违约手续，并承担违约责任。

违约有毕业前违约和毕业后违约两种情况。毕业后违约手续的办理一般称为"改派"，这里专指毕业前违约。

一般来说，办理毕业前违约需要提供以下书面材料：①单位同意解约的公函（简称"解约函"）；②原就业协议书一式三份；③本人的解约申请（写清楚申请事由，是否愿意承担违约责任等）；④新的用人单位同意接收的公函。

学校同意解约后，由学校就业管理部门办理相关违约手续和报批手续，为学生换发新的就业协议书，重新办理就业手续。

如果用人单位无故要求解约，大学毕业生有权要求对方严格履行就业协议。为保障大学毕业生的合法权益，学校应向违约单位及其上级主管部门和省级毕业生就业管理部门反映情况，进行交涉，由大学毕业生和用人单位协商解决。在协商未果的情况下，大学毕业生可通过法律途径保护自己的合法权益。

💬 课堂互动

模拟签订就业协议书

1. 活动目的

熟悉就业协议书签订的注意事项。

2. 活动步骤及说明

1）以班级为单位，将全体学生平均分为若干个小组，每个小组以 6～10 人为宜。

2）结合所学内容，模拟签订就业协议书。

学习反馈

签订就业协议书的注意事项

根据本节内容，总结签订就业协议书的注意事项。

_____

_____

_____

_____

_____

任务三　了解劳动合同

一、劳动合同应具备的条款

劳动合同是劳动者与用人单位之间确立劳动关系、明确双方权利和义务的协议。

《劳动合同法》第十七条规定："劳动合同应当具备以下条款：

（一）用人单位的名称、住所和法定代表人或者主要负责人；

（二）劳动者的姓名、住址和居民身份证或者其他有效身份证件号码；

（三）劳动合同期限；

（四）工作内容和工作地点；

（五）工作时间和休息休假；

（六）劳动报酬；

（七）社会保险；

（八）劳动保护、劳动条件和职业危害防护；

（九）法律、法规规定应当纳入劳动合同的其他事项。

劳动合同除前款规定的必备条款外，用人单位与劳动者可以约定试用期、培训、保守秘密、补充保险和福利待遇等其他事项。"

二、劳动合同的效力

《劳动法》第十六条第一款规定："劳动合同是劳动者与用人单位确立劳动关系、明确双方权利和义务的协议。建立劳动关系应当订立劳动合同。"以合同期限为标准，劳动合同可分为三类：固定期限劳动合同、无固定期限劳动合同和以完成一定工作任务为期限的劳动合同。劳动合同期限，是指劳动合同的有效时间，是双方当事人所订立的劳动合同起始和终止的时间，也是劳动关系具有法律约束力的时间。

（一）劳动合同的生效

劳动合同的生效，是指具备有效要件的劳动合同按其意思表示的内容产生了法律效力，此时劳动合同的内容才对签约双方具有法律约束力。

《劳动合同法》第十六条第一款规定："劳动合同由用人单位与劳动者协商一致，并经用人单位与劳动者在劳动合同文本上签字或者盖章生效。"由此可见，《劳动合同法》并没有明确区分劳动合同的成立和生效。一般来说，双方在劳动合同上签字或者盖章即代表劳动合同成立并生效，但是，如果双方当事人根据特定的需要，在劳动合同中对生效的期限或者条件作出特别约定，则当事人约定的期限或条件一旦成立，劳动合同即生效。

《劳动合同法》第十六条第二款规定："劳动合同文本由用人单位和劳动者各执一份。"实践中，有的用人单位只让劳动者在空白的劳动合同上签名，不让劳动者知晓劳动合同的具体内容，或者以种种理由拒绝将劳动合同交给劳动者，因此，书面劳动合同应当由用人单位和劳动者各执一份，用人单位有将劳动合同文本交给劳动者的义务，违反该义务要负法律责任。

（二）劳动合同的效力

劳动合同的效力即劳动合同的法律约束力。

《劳动合同法》第三条规定："订立劳动合同，应当遵循合法、公平、平等自愿、协商一致、诚实信用的原则。

依法订立的劳动合同具有约束力，用人单位与劳动者应当履行劳动合同约定的义务。"

劳动合同的效力包括以下内容。

1. 一般效力

劳动关系当事人应当按照劳动合同确定的权利、义务自觉履行。

2. 法律强制力

劳动合同一经生效就受到法律的保护。当事人一方不履行劳动合同的，另一方当事人可以通过申请有关行政机关或司法机关的强制执行来追究对方的法律责任。

（三）劳动合同的无效

无效的劳动合同是指由当事人签订成立而国家不予承认其法律效力的劳动合同。一般合同一旦依法成立，就具有法律拘束力，但是无效合同即使成立，也不具有法律拘束力，不发生履行效力。

根据《劳动合同法》第二十六条的规定，下列劳动合同无效或者部分无效。

1）以欺诈、胁迫的手段或者乘人之危，使对方在违背真实意思的情况下订立或者变更劳动合同的。欺诈是指一方故意告知对方虚假情况，或者故意隐瞒真实情况，诱使另一方做出错误意思表示的行为。胁迫是指一方以给另一方及其亲友的生命健康、荣誉、名誉、财产等造成损害为要挟，迫使另一方做出违背真实意愿的意思表示的行为。乘人之危，是指一方利用另一方的危难处境或紧迫需要，迫使另一方做出违背真实意愿的意思表示的行为。这与《民法典》规定中欺诈、胁迫、乘人之危属于合同可撤销情形不同。

2）用人单位免除自己的法定责任、排除劳动者权利的。实践中，用人单位以要劳动者放弃法定权利作为签订劳动合同的条件，如工资低于最低工资标准、用人单位可以随时解除合同且无须给付经济补偿金、用人单位不给上社会保险，甚至约定"工伤概不负责"等，其意图就是要免除其法定责任，这些条款均是无效的。

3）违反法律、行政法规强制性规定的。这里的法律是指全国人民代表大会及其常务委员会制定的法律规范，行政法规是指国务院制定、由总理签署国务院令公布的法律规范，一般称"条例"，也可以称"规定""办法"等。法律与行政法规因其系由国家最高立法机关、最高行政机关制定，并具有全国范围内的适用效力，才能规定法律行为的无效，除此之外的法律规范不得作为认定合同无效的依据。而且，必须是违反法律、行政法规的强制性规定，因为对任意性规范而言不存在违法的问题，如当事人双方约定六个月以上的试用期是无效的。

关于劳动合同无效的认定主体，《劳动合同法》第二十六条规定，对劳动合同的无效或者部分无效有争议的，由劳动争议仲裁机构或者人民法院确认。

关于劳动合同的部分无效，《劳动合同法》第二十七条规定，劳动合同部分无效，不影响其他部分效力的，其他部分仍然有效。目的在于维护劳动合同的整体效力，实现劳动合同的履行和相应利益。

关于劳动合同无效后劳动报酬的支付，《劳动合同法》第二十八条规定："劳动合同被确认无效，劳动者已付出劳动的，用人单位应当向劳动者支付劳动报酬。劳动报酬的数额，参照本单位相同或者相近岗位劳动者的劳动报酬确定。"劳动合同与一般的民事合同不同，劳动力一旦付出，无法由用人单位返还劳动者，也无法恢复到合同订约前的状态，因此，无效劳动合同的处理不适用《民法典》关于合同无效处理的规定，而是基于利益衡量的法律原则，由用人单位给付劳动者相应报酬。

关于劳动合同无效的损害赔偿责任，《劳动合同法》第八十六条规定："劳动合同依照本法第二十六条规定被确认无效，给对方造成损害的，有过错的一方应当承担赔偿责任。"

三、劳动合同的履行、变更、解除与终止

（一）劳动合同的履行

劳动合同的履行是指劳动合同的双方当事人按照合同规定，履行各自义务的行为。依法订立的劳动合同具有法律约束力，当事人必须履行合同约定的义务，任何个人或第三方不得非法干涉劳动合同的履行。

（二）劳动合同的变更

劳动合同的变更是指双方当事人对尚未履行或尚未完全履行的合同，依照法律规定的条件和程序，对原劳动合同进行修改或增删的法律行为。劳动合同变更应遵循平等自愿、协商一致的原则，不得违反法律法规。任何一方不得擅自变更劳动合同，否则要承担相应的法律责任。劳动合同的变更一般是协议变更，双方当事人就变更的内容及条件进行协商，达成一致意见后签订书面协议。

（三）劳动合同的解除

劳动合同的解除是指劳动合同当事人在劳动合同期限届满之前依法提前终止劳动合同关系的法律行为。

《劳动合同法》第三十八条规定："用人单位有下列情形之一的，劳动者可以解除劳动合同：

（一）未按照劳动合同约定提供劳动保护或者劳动条件的；

（二）未及时足额支付劳动报酬的；

（三）未依法为劳动者缴纳社会保险费的；

（四）用人单位的规章制度违反法律、法规的规定，损害劳动者权益的；

（五）因本法第二十六条第一款规定的情形致使劳动合同无效的；

（六）法律、行政法规规定劳动者可以解除劳动合同的其他情形。

用人单位以暴力、威胁或者非法限制人身自由的手段强迫劳动者劳动的，或者用人单位违章指挥、强令冒险作业危及劳动者人身安全的，劳动者可以立即解除劳动合同，不需事先告知用人单位。"

《劳动合同法》第三十九条规定："劳动者有下列情形之一的，用人单位可以解除劳动合同：

（一）在试用期间被证明不符合录用条件的；

（二）严重违反用人单位的规章制度的；

（三）严重失职，营私舞弊，给用人单位造成重大损害的；

（四）劳动者同时与其他用人单位建立劳动关系，对完成本单位的工作任务造成严重影响，或者经用人单位提出，拒不改正的；

（五）因本法第二十六条第一款第一项规定的情形致使劳动合同无效的；

（六）被依法追究刑事责任的。"

（四）劳动合同的终止

劳动合同的终止是指符合法律规定或当事人约定情形的劳动合同效力即行终止。《劳动法》第二十三条规定："劳动合同期满或者当事人约定的劳动合同终止条件出现，劳动合同即行终止。"

《劳动合同法》第四十四条规定："有下列情形之一的，劳动合同终止：

（一）劳动合同期满的；

（二）劳动者开始依法享受基本养老保险待遇的；

（三）劳动者死亡，或者被人民法院宣告死亡或者宣告失踪的；

（四）用人单位被依法宣告破产的；

（五）用人单位被吊销营业执照、责令关闭、撤销或者用人单位决定提前解散的；

（六）法律、行政法规规定的其他情形。"

四、就业协议书与劳动合同的区别

就业协议书和劳动合同都是用人单位与毕业生所订立的协议，都具有法律效力。两者既有联系，又有区别，分别签订于毕业生就业过程的不同阶段，其区别主要表现在以下几个方面。

（一）主体不同

就业协议书适用于毕业生与用人单位、学校三方之间，学校是就业协议书的签证方或签约方；劳动合同只适用于劳动者与用人单位之间，与学校无关。

（二）内容不同

就业协议书的内容主要是毕业生如实介绍自身情况，并表示愿意到用人单位就业，用人单位表示愿意接收毕业生，学校同意推荐毕业生并列入就业方案；劳动合同是毕业生与用人单位有关从事具体工作及享受何种待遇等权利与义务的约定，内容更为具体，劳动权利和义务更为明确。

（三）目的不同

就业协议书是毕业生和用人单位关于将来就业意向的初步约定，是对双方的基本条件及即将签订的劳动合同的部分基本内容的大体认可，是编制毕业生就业方案和将来双方订立劳动合同的依据，一经毕业生、用人单位（或用人单位主管部门）、学校签字盖章，即具有一定的法律效力；劳动合同是为了维护毕业生和用人单位的合法权益而签订的。

（四）时间不同

就业协议书一般在毕业生毕业之前签订；劳动合同往往在毕业生到用人单位报到后才签订。如果毕业生与用人单位就工资待遇、保险等事先有约定，亦可在就业协议书的备注中予以注明，日后订立劳动合同对这些内容应予以认可。

（五）时效性不同

就业协议书的效力始于签订之日，终于毕业生到工作岗位报到之时。就业协议书的作用仅限于毕业生就业过程中的约定，一旦毕业生到用人单位报到，就业协议书的使命也就完成了。就业协议书不能代替劳动合同，不能作为确定劳动关系的凭证。

五、有关就业权益保护的法律法规

（一）《中华人民共和国就业促进法》中与就业权益保护相关的内容

《中华人民共和国就业促进法》第二十五条规定："各级人民政府创造公平就业的环境，消除就业歧视，制定政策并采取措施对就业困难人员给予扶持和援助。"第二十六条规定："用人单位招用人员、职业中介机构从事职业中介活动，应当向劳动者提供平等的就业机会和公平的就业条件，不得实施就业歧视。"第二十七条规定："国家保障妇女享有与男子平等的劳动权利。用人单位招用人员，除国家规定的不适合妇女的工种或者岗位外，不得以性别为由拒绝录用妇女或者提高对妇女的录用标准。用人单位录用女职工，不得在劳动合同中规定限制女职工结婚、生育的内容。"第二十八条规定："各民族劳动者享有平等的劳动权利。用人单位招用人员，应当依法对少数民族劳动者给予适当照顾。"第二十九条规定："国家保障残疾人的劳动权利。各级人民政府应当对残疾人就业统筹规划，为残疾人创造就业条件。用人单位招用人员，不得歧视残疾人。"第三十条规定："用人单位招用人员，不得以是传染病病原携带者为由拒绝录用。但是，经医学鉴定传染病病原携带者在治愈前或者排除传染嫌疑前，不得从事法律、行政法规和国务院卫生行政部门规定禁止从事的易使传染病扩散的工作。"当前，我国的就业歧视现象依然屡见不鲜，每个毕业生都应当了解这些法律法规，在择业就业过程中，用这些法律法规来确保自己平等就业的权利。

（二）《劳动法》中与就业权益保护相关的内容

《劳动法》规定，劳动者享有平等就业和选择职业的权利、取得劳动报酬的权利、休息休假的权利、获得劳动安全卫生保护的权利、接受职业技能培训的权利、享受社会保险和福利的权利、提请劳动争议处理的权利以及法律规定的其他劳动权利。

（三）《劳动合同法》中与就业权益保护相关的内容

《劳动合同法》在以下几个方面的规定与毕业生的就业权益密切相关。

1. 在劳动关系确立的标准上做出规定

《劳动合同法》第七条明确规定："用人单位自用工之日起即与劳动者建立劳动关系。用人单位应当建立职工名册备查。"

《劳动合同法》第十条规定："建立劳动关系，应当订立书面劳动合同。

已建立劳动关系，未同时订立书面劳动合同的，应当自用工之日起一个月内订立书面劳动合同。

用人单位与劳动者在用工前订立劳动合同的，劳动关系自用工之日起建立。"

这些规定告诉我们，判断劳动关系是否确立的标准就是看是否发生用工行为。也就是说，无论书面劳动合同签订与否，只要存在实际的用工行为，劳动者与用人单位之间的劳动关系就已经建立，劳动者就能享有与已签订劳动合同者相同的权益。

2. 在试用期和合同期限方面作出了具体规定

《劳动合同法》第十九条规定："劳动合同期限三个月以上不满一年的，试用期不得超过一个月；劳动合同期限一年以上不满三年的，试用期不得超过二个月；三年以上固定期限和无固定期限的劳动合同，试用期不得超过六个月。

同一用人单位与同一劳动者只能约定一次试用期。

以完成一定工作任务为期限的劳动合同或者劳动合同期限不满三个月的，不得约定试用期。

试用期包含在劳动合同期限内。劳动合同仅约定试用期的，试用期不成立，该期限为劳动合同期限。"

3. 进一步强化了劳动者的知情权。

《劳动合同法》第八条规定："用人单位招用劳动者时，应当如实告知劳动者工作内容、工作条件、工作地点、职业危害、安全生产状况、劳动报酬，以及劳动者要求了解的其他情况；用人单位有权了解劳动者与劳动合同直接相关的基本情况，劳动者应当如实说明。"因此，毕业生在与用人单位签订就业协议书和劳动合同时，应向用人单位询问与自己权益相关的问题，如工作时间、休息时间、福利等。

4. 为毕业生行使自主择业权提供了保障

《劳动合同法》第九条规定："用人单位招用劳动者，不得扣押劳动者的居民身份证和其他证件，不得要求劳动者提供担保或者以其他名义向劳动者收取财物。"第八十四条规定："用人单位违反本法规定，扣押劳动者居民身份证等证件的，由劳动行政部门责令限期退还劳动者本人，并依照有关法律规定给予处罚。

用人单位违反本法规定，以担保或者其他名义向劳动者收取财物的，由劳动行政部门责令限期退还劳动者本人，并以每人五百元以上二千元以下的标准处以罚款；给劳动者造成损害的，应当承担赔偿责任。

劳动者依法解除或者终止劳动合同，用人单位扣押劳动者档案或者其他物品的，依照前款规定处罚。"

因此，毕业生在依法解除或者终止劳动合同时，如果用人单位要扣押档案或者其他物品，毕业生可以寻求法律的帮助。

5. 为毕业生及时足额获得劳动报酬提供了保障

《劳动合同法》不仅明确了用人单位应当按照劳动合同约定和国家规定，向劳动者及时足额支付劳动报酬，还规定了若用人单位拖欠或者未足额支付劳动报酬，劳动者可以依法向当地人民法院申请支付令，人民法院应当依法发出支付令。此外，《劳动合同法》第八十五条规定："用人单位有下列情形之一的，由劳动行政部门责令限期支付劳动报酬、加班费或者经济补偿；劳动报酬低于当地最低工资标准的，应当支付其差额部分；逾期不支付的，责令用人单位按应付金额百分之五十以上百分之一百以下的标准向劳动者加付赔偿金：

（一）未按照劳动合同的约定或者国家规定及时足额支付劳动者劳动报酬的；

（二）低于当地最低工资标准支付劳动者工资的；

（三）安排加班不支付加班费的；

（四）解除或者终止劳动合同，未依照本法规定向劳动者支付经济补偿的。"

（四）《中华人民共和国劳动争议调解仲裁法》中与就业权益保护相关的内容

1. 在仲裁前置方面有所改进

《中华人民共和国劳动争议调解仲裁法》在保留劳动争议仲裁前置程序的前提下，

规定部分劳动争议实行有条件的一裁终局。第四十八条规定："劳动者对本法第四十七条规定的仲裁裁决不服的，可以自收到仲裁裁决书之日起十五日内向人民法院提起诉讼。"也就是说，毕业生如果对一裁终局不满，仍具有寻求诉讼的权利。

2. 对劳动争议申请仲裁的时效进行了改动

根据《中华人民共和国劳动争议调解仲裁法》第二十七条的规定，劳动争议申请仲裁的时效期限为一年，从当事人知道或者应当知道其权利被侵害之日起计算；劳动关系存续期间因拖欠劳动报酬发生争议的，劳动者申请仲裁不受一年仲裁时效的限制，但是，劳动关系终止的，申请仲裁应当自劳动关系终止之日起一年内提出。

3. 在强化劳动监察部门作用方面做了规定

《中华人民共和国劳动争议调解仲裁法》第九条规定："用人单位违反国家规定，拖欠或者未足额支付劳动报酬，或者拖欠工伤医疗费、经济补偿或者赔偿金的，劳动者可以向劳动行政部门投诉，劳动行政部门应当依法处理。"因此，当毕业生遇到用人单位违反以上规定的情况时，一定要及时向劳动行政部门投诉，以便及时得到帮助。

4. 要利用举证责任倒置进行维权。

《中华人民共和国劳动争议调解仲裁法》第六条规定："发生劳动争议，当事人对自己提出的主张，有责任提供证据。与争议事项有关的证据属于用人单位掌握管理的，用人单位应当提供；用人单位不提供的，应当承担不利后果。"因此，毕业生要注意分清哪些举证责任是自己的，哪些是用人单位的，以便发生争议时有效地维护自己的合法权益。

课堂互动

情景模拟：签订劳动合同

1. 活动目的

了解劳动合同的主要内容。

2. 活动步骤及说明

1）打印或复制劳动合同参考文本。

2）选出 5 人组成裁判委员会，任命裁判长 1 人，裁判委员会的主要职责是对劳动合同进行评判，对双方的分歧进行调解。

3）将其余学生分成若干组，每组 4 人，其中 2 人扮演 "用人单位"，2 人扮演企业的 "员工"。

4）将准备好的问题合同分发给各组，同时将正确的合同分发给裁判委员会。

5）各组当事人就合同条款和内容进行协商，协商限时 20 分钟。协商过程应以 "用人单位" 为主，即使 "用人单位" 发现合同中的问题，如果 "员工" 没有提出疑义，也不能修改。

6）协商结束，各小组按顺序依次由 "员工" 向裁判委员会汇报协商结果：对劳动合同是否有疑义？如果有疑义，对哪些条款和内容有疑义？对劳动合同的修改意见是什么？提出修改意见的依据和理由是什么？

7）裁判长代表裁判委员会对劳动合同进行评判，对协商过程中产生的分歧进行调解。

教师组织学生谈个人感受，并就模拟协商劳动合同过程中所反映的问题，以及裁判委员会的评判和调解意见进行点评。

学习反馈

认识就业协议书和劳动合同的区别

根据所学内容阐述就业协议书和劳动合同的区别。

_____

_____

_____

_____

拓展阅读

大学生就业协议之法律探析

在大学生就业过程中，由于在校大学生尚未毕业，因此大学生与用人单位磋商之后，达成意见一致，双方直接订立正式的劳动合同尚存在一定的障碍。在实践中，为了克服这一障碍，促进在校大学生就业，教育部规定：用人单位在与在校大学生订立正式劳动合同之前，先与在校大学生及其所在学校签订就业协议书，作为劳动合同签订前用人单位、学校、在校大学生三方行使权利、承担义务的书面凭证。但是在就业协议书签订之后，由于种种原因，用人单位或大学生不遵循就业协议书上约定的内容，从而引起争议的情况时有发生。为了更好地预防和解决此类纠纷，必须明确就业协议书的性质及其法律效力，以及发生纠纷后的责任承担方式。

（一）大学生就业协议书的法律效力

就业协议书其实也是一种合同，故应当依据《民法典》关于合同法律效力的规定对其效力加以判断。合同的法律效力，是指已经成立的合同在当事人之间产生的法律约束力。就业协议书若确系双方真实意思表示，权利义务内容不违反现行法律、法规的，即具有法律效力。如果一方当事人不履行或者不适当履行就业协议书所约定的权利义务，其行为就属于违约行为。具体来说，在履行就业协议过程中的违约行为主要存在以下几种情况。

1. 大学生不履行就业协议的约定

如果大学生无正当理由不履行订立劳动合同的义务，则此时大学生的行为构成违约。实践中，大学生在签订就业协议书后，不履行按期与用人单位订立劳动合同的义务，就应当认定为违约。另外一种情况是大学生在签订就业协议书后，又因其他原因不愿订立劳动合同（如考上了研究生、又与其他单位有订约意向等），但其又不愿因违反就业协议而承担违约责任，便按期去与用人单位谈判签订劳动合同，但在对劳动合同条款进行协商过程中找一些理由不签约，要求用人单位解除就业协议。此种情况实际上属于大学生恶意不履行订约义务的情况，应当承担违约责任。但在实践中，对于如何判断大学生的过错，存在一定困难。对此，应当根据大学生提出异议的理由是否正当来判断其是否存在过错。异议理由正当的，可以认定大学生无过错，不承担违约责任；异议理由不正当的，可以认定大学生有过错，应承担违约责任。

2. 用人单位不履行就业协议的约定

因用人单位过错导致双方不能签订劳动合同的，用人单位应承担违约责任。此种情形主要包括在就业协议约定的期限到来时用人单位明确拒绝订立劳动合同，或者拒绝接收大学生。用人单位的过错使得双方签订就业协议书的目的不能实现，应当承担违约责任。另外，如果用人单位不欲与大学生订立合同而刁难大学生，提出不适当条件，则应根据上一种情况中对大学生恶意的判断标准进行判断。

因此，就业协议书千万不可草率签订。大学生在签订就业协议之前，首先应对用人单位有个基本了解，看用人单位的有关证件及资料是否齐全，包括营业执照、工商登记资料等。对自己不清楚或有疑问的地方应及时向用人单位询问。其次，在条件允许的情况下，还应当多问问用人单位的其他员工，包括不同时间参加工作的员工，以核对别人所获得的信息及看法与自己有何不同。在对某些订立合同所涉及的专业问题或法律问题不能肯定时，还应向就业指导老师或向律师等专业人士咨询。要认真审阅就业协议书的条款，有条件的最好再看一下即将签订的正式的劳动合同。在此基础上，再决定是否签订就业协议书。

（二）大学生就业协议的违约责任

违约责任即违反合同的民事责任，是指合同当事人一方不履行合同义务或者履行合同义务不符合约定时，依照法律规定或者合同约定所承担的法律责任。依法订立的有效合同，对当事人双方来说，都具有法律约束力。如果不履行或者履行义务不符合约定，就要承担违约责任。承担违约责任的方式有多种，包括继续履行、采取补救措施、赔偿损失、支付违约金等。这几种违约责任的形式，可以单独适用，也可以互补结合适用，运用的方式是比较灵活的。违约金是就业协议书中适用最广泛的一种违约责任形式，在当事人违反就业协议书约定的情况下适用违约金责任应注意以下问题。

1. 违约行为的存在

只有在一方当事人违反就业协议书的情况下，另一方当事人才有权要求其支付违约金。一般来说，各种违约的形态，如不履行、不适当履行、迟延履行等，都可以导致违约金的支付。但是当事人在就业协议书中仅就某种具体的特定违约行为规定了违约金的，如仅就不签订劳动合同的违约行为规定了违约金，则应以就业协议书具体规定的特定的违约行为作为支付违约金的条件。如果当事人虽有违约行为，但仍然订立了劳动合同，则不应依据就业协议书的规定请求支付违约金。

2. 违约当事人必须具有过错

因为违约金在性质上兼具惩罚性和补偿性双重性质，因此，应以违约当事人主观上具有过错（含推定过错）作为违约金支付的重要条件。只有将过错作为违约金的支付条件，才能使违约金责任起到一种制裁违约行为、维护合同严肃性的作用。将过错作为违约金的支付条件意味着，在特殊情况下，可以根据过错程度确定违约金的具体数额。特别是对于故意和重大过失违约的，不能减少违约方应承担的违约责任。由此可见，过错程度对违约金的支付是有影响的。

（三）就业协议书中的违约责任的免除

在履行就业协议的过程中，并不是所有的不履行就业协议的行为都会必然导致违约责任的产生。在下列情况下，当事人不应对自己的违约行为承担违约责任。

大学生和用人单位对不能签订劳动合同均负有过错的，双方都丧失请求对方承担违约金责任的权利。

大学生或者用人单位有正当理由不履行签订劳动合同义务，应认定大学生或者用人单位无过错，不承担违约责任。此处的正当理由应当是法律明确规定的情形，主要包括以下两种。①不可抗力。不可抗力是指不能预见、不能避免并不能克服的客观情况。通常认为不可抗力的范围一般限于自然灾害、战争、社会动乱、政府行为等。根据《民法典》的规定，在不可抗力的情况下，根据不可抗力的影响，部分或者全部免除违约责任。②正当行使履行抗辩权。

如果大学生和用人单位在就业协议书中约定有免责事由的，在免责事由出现时，当事人可相应免除违约责任。

当事人因对劳动合同的条款不能达成一致而导致劳动合同不能订立的，不承担违约责任。因为就业协议书只是一份用人单位向大学生发出的订立合同的预约，其法律效力仅仅只是使当事人负有将来要订立合同的义务。大学生只要在毕业后根据就业协议书约定的条款和日期有和用人单位签约劳动合同的意图且真实地履行了其意图，则其行为实际上是履行了就业协议书与其约定的义务。至于劳动合同双方有分歧无法达成协议，则属于另一法律行为，和就业协议书没有必然的关系。签订劳动合同本身是一个独立的法律行为，当事人在合同的条款上当然可以反复磋商。如果由于合同的条款意见不一致，可视作无法达成一致而无法签约，这并不影响就业协议书的法律效力。因为当事人已经履行了就业协议书约定的签约义务，只是因为双方就有关条款存在争议而无法达成一致协议，根据当事人意思表示一致是合同成立的核心条件，当事人当然有放弃签约的权利。

（四）学校在就业协议书中的地位和作用

《普通高等学校毕业生就业工作暂行规定》第二十四条规定："经供需见面和双向选择后，毕业生、用人单位和高等学校应当签订毕业生就业协议书，作为制定就业计划和派遣的依据。未经学校同意，毕业生擅自签定的协议无效。"根据这一规定，学校在大学生就业协议书中当然地处于一方主体的地位。但由于就业协议书是民事合同，当事人之间的地位平等，学校在合同中并不处于超然的地位，而是按照就业协议书的约定享受权利，承担义务。具体表述如下。

1. 学校的加入是就业协议书产生法律效力的前提条件

由于在校大学毕业生这一群体在订立就业协议时其身份仍然是学生，而就业协议规范的又是大学生毕业离校后的行为，如果没有学校的加入，无论是大学生还是用人单位的利益都很难得到保障，因此教育部以部门规章的形式规定未经学校同意，毕业生签订的就业协议书无效。

2. 学校按照就业协议书的约定享有权利、承担义务

通常来说，学校享有监督大学生和用人单位按照就业协议书的约定合理履行协议的权利，同时承担向用人单位保证大学生毕业离校后与用人单位签订劳动合同的义务以及向大学生保证用人单位依约接收大学生，其地位有点类似于担保合同中的保证人，但其权利义务又不局限于保证人。

3. 在大学生与用人单位协商解除就业协议时，学校有审查权

由于学校在就业协议书中处于一方当事人的地位，在大学生与用人单位协商解除就业协议时，应当取得学校的同意。如果学校不同意解除就业协议，就业协议不得解除。如果大学生与用人单位擅自解除就业协议，则大学生与用人单位应当对因解除协议而对学校造成的损失承担连带赔偿责任。

4. 因学校的过错导致大学生与用人单位不能订立劳动合同时，学校应承担违约责任

这种情况主要表现为学校无正当理由拒绝发放派遣证或者学校无正当理由强制改派，在实践中很少发生。如果发生了这种情况，则学校应当向大学生和用人单位承担赔

偿责任。

5. 在就业协议履行过程中，如果因大学生或用人单位违约导致未能订立劳动合同，学校应当获得赔偿

在现实中，大学生或用人单位一方违约时，往往只向对方承担违约责任，而对于向学校承担违约责任则不予认同。这种做法显然是错误的，原因如下：①学校是就业协议书中的一方当事人，大学生或用人单位一方违约，应当向合同的相对方承担违约责任，这里的相对方显然是包括学校在内的另外两方；②学校在履行就业协议的过程中承担了一定的义务，就业协议最终不能顺利履行必然会给学校造成一定的损失，既然有损失，违约方就应当承担赔偿责任。

综上所述，就业协议书不仅仅是一种意向，它本身又是一份合同，其效力是受到法律保护的。就业协议书中的各方均应当按照约定履行自己的义务，否则就应当承担相应的违约责任。

（资料来源：根据网络资料整理改编。）

实践作业

劳动争议分类

劳动争议发生的情况有哪些？请将它们分类后填在表 7-1 中，并与同学讨论当自己遇到这些劳动争议时应该如何解决。

表 7-1　劳动争议分类

类别	解决方案
薪资福利方面	
工作地点方面	
劳动内容方面	

项目八　职场适应

目标与任务

➢ 了解学生角色与职业角色概述。

➢ 了解职场适应。

➢ 熟悉从学生角色到职业角色转化的对策。

➢ 熟悉职业发展的策略。

➢ 掌握职场适应方法。

从毕业生到职场人的角色转变

小张是刚刚毕业的大学生，毕业前他在一家国企实习，实习期结束，企业也愿意留用小张，本来这是个好消息，但是小张认为这份工作很枯燥，每天就做一些简单、重复的工作，他觉得自身各项能力没有得到发挥，心理落差较大。同时，在这段时间，他也在备考公务员，因此和同事之间很少沟通。偶然一次，他在工作中出现疏忽，同事向领导反映他工作不认真，他得知后觉得领导不重视他，周围同事不好相处，最后辞去了这份工作。辞去工作后，小张心里很是苦闷，最终找到职业指导人员寻求帮助。

分析： 刚走出校园的大学生，大都有着"海阔凭鱼跃，天高任鸟飞"的宏伟抱负。但是，随着高校教育的普及，每年大学毕业人数激增，就业竞争压力也随之增大。从大学毕业到进入社会，参加工作，对于每一位毕业生来说都需要经历比较大的角色转变。因此，大学毕业生应调整心态，正视、接纳现实，恰当地评价自己，放低姿态，一切从零开始。

任务一 适应从学生角色到职业角色的转变

一、学生角色与职业角色概述

（一）学生角色

学生角色是指个体在社会教育环境的保证下和家庭经济的资助下，学习知识，培养能力，全面提高自身素质，努力使自己成长为社会的合格人才。

（二）职业角色

职业角色是指在某个职位上，以特定的身份，依靠自身知识和能力并按照一定的规定具体地开展工作，在行使职权、履行义务的同时取得相应的报酬，属于创造者、主动者和有责任者。

二、角色转化的对策

初涉职场的大学生，还有很多校园的"书生意气"和学生式的思维习惯，不了解基本的职场规则，出现很多不适应和为人处世的不合时宜。大学生要想从校园人顺利过渡到职场人，需要处理好以下问题。

（一）角色心态的调整

初从学校到社会，不适应、无名的失落和惆怅是很正常的，每个人在这样一个过渡阶段都会有这样的感受。这个时候，注意自我调适，有一个平和的心态非常重要。常常有些人不能正确地看待这种失落和惆怅，把这种因环境变化而产生的暂时的不适应武断地认为是自己就职的单位不好，从而轻易断定单位不适合自己或者自己不适合单位，轻率地选择辞职，这是非常冲动的做法。对那些刚刚参加工作不久就选择辞职的职场新人来说，一定要用理性思维战胜感性冲动，应先问问自己，自己的失落和惆怅到底来自哪里，是不是再多适应一段时间以后再决定是否离开。

（二）人际关系的适应

人是社会关系的总和。在校园里，大学生可以选择只与自己喜欢的人在一起，而在单位，就必须学会与各种各样的人打交道。无论大学毕业生对同事是否喜欢，刚进新单位，都要有第一印象意识。第一印象良好，即使以后有表现得不够好的地方，别人也会对自己宽容一些；第一印象糟糕，即使后来做得再漂亮，别人对自己的评价也不会太高。尽管这有失公允，但毕竟大部分人有以偏概全、先入为主的心理。所以，给同事留下好的第一印象，有助于更好地融入同事圈中。要想与同事尽快熟悉，可以帮助他们多做点事，如主动打扫办公室或实验室的卫生，整理文件和资料，接听电话等。这些虽是小事，但它们能帮助自己迅速融入同事圈中，得到大家的认同。此外，在学校里，大学生一般可以独立完成自己的学习任务。但在单位，一定要注意到自己是在一个团队中，必须有好的团队精神，要学会与人合作，要大度，要甘于吃亏，不要想着占小便宜。处理好复杂关系的捷径是多看多听，多干少说，在各种利益冲突中超脱一点，肯让、能让、善让，不要斤斤计较、心机太重。

（三）业务能力的提高

有的人认为大学所学的知识已经足够了，胜任工作肯定没问题。其实不然。学校教育在于专而不在于博，工作中需要的知识常常是多方面的。专业对口还好，若专业不对口，需要补充的知识就太多了。初入职场要特别注意避免眼高手低。小事不愿干，大事干不了，是刚参加工作的人常犯的毛病。如果不注意纠正，很可能会使自己成为志大才疏之人。要注意从大处着眼、小处着手，一丝不苟地做好每一件小事，小事中见大精神，可为以后做大事积累资源。要谦虚谨慎，善于向身边的同事学习，向领导学习，向德高望重的老同志学习。

（四）职业意识的培养

从校园到职场，有很多方面的意识需要改变。在校园里，大学生可以凭自己的兴趣做事，而在单位，最重要的是责任，责任远比兴趣重要，必须努力做到干一行、爱一行。兴趣来源于责任，强烈的责任感是完全可以让人培养起对工作的兴趣的。一个人只有真正爱好自己从事的工作，才能全身心地投入。在校园里，大学生可以情绪化，偶尔可以感情用事，但职场要求的是高度理性行为，职场规则是必须遵循的，大学生要学会由情感人转变为职业人，由个人好恶转变为敬业精神，由情绪左右转变为职业驱动。在校园里，大学生考虑的往往是自己的成长，衡量的标准是成绩，而在职场上，职场人考虑的往往是经营绩效和利润，会读书和会创造利润之间并不是天然的正相关。

（五）生活与工作的平衡

在校园里，大学生的时间主要由自己支配，足以应付自己的生活和学习，而到了单位，早上准时上班，下午准时下班，或许晚上还需要加班，再加上工作上的压力，有些人就会吃不消，甚至有人忙得连男女朋友都没有时间陪，时间一长，感情上容易出现波折，失恋后情绪上、工作上又会受到负面影响。其实，职场上的生活才是一个人真实的生存状态，工作和生活有矛盾，但并不是不可调和，在繁忙的工作之余，不要疏远了自己的亲戚、朋友，生活和工作同等重要，要注意协调好生活与工作的关系。

（六）职业作风的建立

在校园里，除了完成学习任务之外，其他约束较少，可以松散一些，如睡个懒觉、着装随意等。但在单位，就必须每天与自己的惰性作斗争，上班不能迟到，一定要按时到达办公室，不能懒懒散散。如果能够比别人提前十几分钟到达办公室，提前收拾好卫生，对自己尽快融入新同事之中就会很有帮助。大学毕业生要尽快养成良好的职业作风，尽快融入职场环境。

从校园人到职场人的转变不是一件轻而易举的事，其中可能会有很多痛苦和挫折，但不完成这种转变，就不可能成为一名成功的职场人。有人提出，职场成功必须做到 5 个 C：confidence（信心）、competence（能力）、communication（沟通）、cooperation（合作）和 creation（创造）。可以用 5C 标准要求自己，尽快实现从校园人到职场人的转变。

三、职业发展的策略

（一）做好规划

进行职业规划时首先需要针对自己的情况选择正确的道路；其次，在正确的时间做正确的事情；最后，对不正确的方向、局面进行修正和优化。这样就会做到有条不紊、循序渐进。就好比一个项目团队刚刚组建的时候，不是要盲目做多少事情，而是在团队职业规范、文化理念和项目方案思路方面进行规划建设。

（二）注重积累

要想未来职场发展得好，就需要掌握经验，熟悉过程，注重积累，使自己有一技之长或熟悉某一方面的行业信息。但积累不是简单地熬时间，而是要做到以下几点。一是要有目的地提高自身的素质；二是要利用平台和资源汲取养料；三是即使在初级岗位或中小企业，也应该因时而为，抓住磨炼自己的机会，为长期发展做好准备。

（三）把握节点

把握好职业发展的节点，设定职业发展的积累期和加速期。职业发展节点就像一种特殊的进化环境，在某个特定成长期，某种心智、态度、能力会催生某种作为，从而使自己在职场游刃有余，并且能力得到提高。要认清大势，与时俱进，就像在经济危机的时候到处投资，风险会很大。职业发展也一样，如果在供应充分的岗位上盲目跳槽，失败的可能性就会很大。当某些行业快速发展时，就要做出一番事业；当某些行业"寒冬凛冽"时，可以秣马厉兵，等待时机，不能为了眼前利益错过职业发展节点，进而影响职业长远发展。

💬 课堂互动

校友分享会

1. 活动目的

通过校友分享，了解职场环境适应情况。

2. 活动步骤及说明

1）邀请本专业的优秀校友或已经实习的学长或学姐，分享其毕业后或实习期间做好职场环境和岗位适应训练的经验和体会。

2）通过提问、讨论等方式了解自身存在的问题。

学习反馈

采访一位学长或学姐

结合自己的兴趣、技能、职业价值观、教育背景和已掌握的职业知识找出未来最可能从事的职业，然后在该职业领域寻找一位学长或学姐作为访谈对象。具体访谈内容如下。

1）您是如何找到这份工作的？

_____

2）您的职位是什么？您的主要职责是什么？

_____

3）工作地点一般在哪里？

_____

4）工作场所有哪些特征？

_____

5）在工作方面，您每天都做什么？

_____

6）您在做这份工作时日常面临的问题是什么？什么最有挑战性？

_____

7）就您的工作而言，您最喜欢什么？最不喜欢什么？

_____

8）您的主要成就是什么？最成功的是什么？

_____

9）在这个职位上，如果想获得成功必须拥有什么样的能力？

_____

10）目前您还缺少的能力有哪些？如何提高？

_____

11）做好这份工作应该具备哪些知识、技能和经验？

_____

12）目前，行业内要求从事这份工作的人应该具备什么样的教育和培训背景？

_____

13）这项工作需要的个人品质、性格和能力与其他的工作要求有什么不同吗？

_____

14）在您的工作领域里，初级职位和高级职位的薪水一般是什么水平？

_____

15）这个行业存在的困难是什么？行业前景如何？

_____

访谈过后，总结自己的收获。

_____

_____

_____

_____

任务二　适应职场生活

一、适应职场生活的内容

（一）适应职场心理

1. 心理"断乳"，跨过转型障碍

在接到自己不擅长的工作时，要尽力做到以下几点。首先，要跨过自己的心理障碍，并且要从其他人的身上学艺，学习他们处理问题的一些方式，尽快掌握一些技能，这样才能够更加自信；其次，要暗示自己遇到难题千万不要退缩，即使犯了错误也不要紧，因为这是每个人的必经之路，但是在做的过程中，千万不要敷衍，否则下次再遇到同样的问题，仍然不会做或者做得不够好；最后，要进行职业规划，制定职业发展目标。

2. 甘当配角，方能厚积薄发

初入职场，既要有表现自己的勇气，也要有甘当配角的气度。能当主角纵然很好，但缺乏经验的新人虚心做配角也十分重要。新人往往对工作抱有很高的期望，不满足于业务"打杂"。其实，主动为上级或其他同事做辅助性工作，也是学习和锻炼的机会。日复一日，耳濡目染，新人的经验就会不断积累。举轻若重、一丝不苟地做好工作中的每件小事，也能为以后做大事积累足够的资源。

3. 自我管理，给自己上根弦

职场新人的迷茫，部分是由于缺乏自我管理，工作生活无章法。因此要进行时间管

理，对于每日要做的事项分门别类地做时间计划，对当日日程心中有数；上班早来十分钟，不要随便请假；经常保持办公桌整洁，把业务书和文件夹整齐地摆放在桌上，样样东西都井井有条；勤微笑，鼓舞团体工作士气，没有人会喜欢"牢骚族"与"抱怨族"；遇到学习、培训的机会要主动争取，多接受各种训练，提高自己的工作能力；遇到工作问题勤思考。

（二）适应工作环境

适应工作环境最主要的是强化职业角色意识，让自己在主观上尽快适应新的环境。

1. 积极参加岗前培训

一般来说，大学毕业生到用人单位后都要进行适应性培训和专业培训。大学毕业生应该利用单位岗前培训的机会，尽快熟悉单位规章制度、用人理念、组织文化、技术特点等，以便更好地融入单位团队中。

2. 不断更新知识结构

大学毕业生到工作单位后，在工作安排上，不可能都专业对口。特别是一些中小企业，需要的是"全才""通才"。为了适应工作的要求，大学毕业生需要不断地学习，及时补充业务知识，从知识结构上适应工作新环境。

二、适应职场生活的方法

（一）树立良好的个人形象

1. 塑造良好外在形象

良好的第一印象，80%取决于外表。外表不光指长相，还包括着装、体态、神情、举止，甚至还包括说话的音调、语气、语速和节奏，这些都是需要精心修炼的部分。

2. 提高自身人格魅力

情商是走向社会的通行证，情商的高低间接决定了自我人格魅力的大小，情商的体现往往取决于自我对情绪的捕捉与管理。情商高的人，人们都喜欢与他交往，他也总是能得到众人的拥护和支持。同时，人际关系是人生的重要资源，提高情商就是提高自我人格魅力。

（二）建立良好的人际关系

任何单位都有一张人际关系网，要想成就事业就要建立良好的人际关系，这不仅是生活的需要，也是工作的需要。刚参加工作的大学毕业生要想在职场上建立良好的人际关系，应注意以下几点。

1. 热情主动

主动是人际交往的良好开端。要懂得对他人先表示友好。当他人遭到困难、挫折时，要主动伸出援助之手。要记住"雪中送炭"远比"锦上添花"更令人感动和难忘。

2. 尊重他人

对别人要客气，运用礼貌用语"请""谢谢""对不起"，和人说话要和气，要轻声细语。良好的关系需要维护，需要经常联系。远亲不如近邻，长久不联系，关系会变得疏远。

3. 用心倾听以获取更多信息

用心倾听、了解别人，寻求有助于提供更好的服务的信息，这样做会赢得对方的好感。理解并认同他们的需求，会增加自己为他们提供服务的价值。

4. 体谅

被别人理解是人类最强烈的需求之一，如果对他人的话有兴趣，并认真倾听，尽力去真正理解他们，就能更好地体会他人的感受。人们的感受可能不会永远一致，如果能与别人一致，那自己就是富有同情心的人了。当自己能体谅并理解他人的感受时，就能真正设身处地为其着想，对方也能相应给予回报。

5. 言而有信

在人际交往中，要做一个言而有信的人。不要承诺自己做不到的事情；不要让别人对自己产生不切实际、无法满足的期望；不要随口应承、大包大揽。

课堂互动

如何树立个人良好形象

1. 活动目的

认识到树立良好个人形象的重要性。

2. 活动步骤及说明

1）以班级为单位，将全体学生平均分为若干个小组，每个小组以6～10人为宜。

2）说一说你遇到的不注意个人形象的例子，并讨论如何树立良好的个人形象。

学习反馈

观看职场经典电影

观看完电影后写一篇适应职场的心得体会。

_____

_____

_____

_____

拓展阅读

管理者的职业角色

管理者的角色可分为人际关系角色、信息管理角色、决策制定角色。

（一）人际关系角色

人际关系角色是指作为正式负责或管辖一个具体的组织单位并具有特别的职务地位的人，所有管理者都要履行礼仪性和象征性的义务。

1）挂名首脑。这是最简单的一种角色。管理者负有在所有礼仪事务方面代表其组织的责任。

2）领导者。涉及管理与其下属的关系，如激励、调配等。

3）联络者。管理者同组织以外的管理者或其他各类型的人交往，以便从外部获得支持和信息。

（二）信息管理角色

人际关系角色使管理者具有获得信息的独特地位，其同外部的接触带来了外部信息，而其领导工作则使其成为组织内部信息的集中点。结果是，管理者成为组织信息的重要神经中枢。

1）监听者。管理者作为信息的接收者和收集者，对组织的状况有彻底的了解。

2）传播者。管理者把特别的信息向其组织内传播。

3）发言人。管理者把组织的信息向组织所处的环境传播。

（三）决策制定角色

管理者掌握信息的独特地位和特别的权力使其在重大决策（战略性决策）方面处于

中心地位。

1）企业家。管理者在企业家角色中会企图发动并掌控足以改变组织绩效的变革。

2）混乱处理者。管理者扮演裁判、问题解决者和调停者的角色。在组织受到威胁时，管理者要处理紧急情况。

3）资源分配者。管理者负责分配人力、物力以及金钱方面的资源。这一角色决定组织向哪一方向发展。

4）谈判者。这一角色表现为管理者感到有必要时代表组织同外界打交道。

基层管理者的称谓主要有督导、团队主管、教练、各部门主管、轮值班长、系主任、部门协调人、部门组长等。中层管理者是指位于组织中的基层管理者和高层管理者之间的人，其主要职责是正确领会高层的指示精神，创造性地结合本部门的工作实际，有效指挥各基层管理者开展工作。中层管理者注重的是日常管理事务，其称谓主要有项目经理、地区经理、部门经理、门店经理等。

（资料来源：根据网络资料整理改编。）

实践作业

打造个人品牌

品牌是一种识别标志、一种精神象征、一种价值理念，是品质优异的核心体现。个人品牌体现了个人在别人心目中的价值、能力以及作用，是职业生涯中的第二个自我。个人品牌对个人职业生涯有着长远而深刻的影响。良好的个人品牌有助于把别人对你的看法变成职业发展的机会。

建立个人品牌，首先要进行"品牌定位"，弄清楚你擅长什么，想要什么，你的价值在哪里。每个人都有自己内蕴的精华，可以通过观察和分析，找出自己独有的个性、特长或优势，然后把自己的个性、激情、经历都融入品牌定位中。现在，试着给自己进行品牌定位：

个人品牌=我是谁+我的愿景

我是谁：_____

我的愿景：_____

人才市场卖点：_____

用几个词描述出你的特色：_____

每个人都具备不同的特质，个人品牌就是要充分展示出个人独特内涵中最有价值、最有影响力的那部分。你的竞争优势在哪里，你的个人品牌价值就在哪里。

用几个词描述你的独特竞争优势：_____

在建立个人品牌的过程中，要注意寻找可以强化自身品牌的识别标志。这些识别标志可以帮助别人更好地理解个人品牌所传达出来的信息，加强品牌信息的有效送达和有效接收。

最吸引人的形象或符号设计是：＿＿＿＿＿＿＿＿＿＿＿＿＿＿＿＿＿＿＿＿

如果说品牌最核心的东西是质量保障，那么个人品牌最重要的就是品质保障。在打造个人品牌的过程中，可以借助各种手段来扩大自己的影响力，加强别人对你的认知。

你的个人网站构想（微博或 QQ）：＿＿＿＿＿＿＿＿＿＿＿＿＿＿＿＿＿
＿＿＿＿＿＿＿＿＿＿＿＿＿＿＿＿＿＿＿＿＿＿＿＿＿＿＿＿＿＿＿＿＿＿＿＿

你的个人光盘构想（宣传页或手册）：＿＿＿＿＿＿＿＿＿＿＿＿＿＿＿＿
＿＿＿＿＿＿＿＿＿＿＿＿＿＿＿＿＿＿＿＿＿＿＿＿＿＿＿＿＿＿＿＿＿＿＿＿

你的新闻报道设计：＿＿＿＿＿＿＿＿＿＿＿＿＿＿＿＿＿＿＿＿＿＿＿
＿＿＿＿＿＿＿＿＿＿＿＿＿＿＿＿＿＿＿＿＿＿＿＿＿＿＿＿＿＿＿＿＿＿＿＿

你的光辉故事设计：＿＿＿＿＿＿＿＿＿＿＿＿＿＿＿＿＿＿＿＿＿＿＿
＿＿＿＿＿＿＿＿＿＿＿＿＿＿＿＿＿＿＿＿＿＿＿＿＿＿＿＿＿＿＿＿＿＿＿＿

你的社会交往规划：＿＿＿＿＿＿＿＿＿＿＿＿＿＿＿＿＿＿＿＿＿＿＿
＿＿＿＿＿＿＿＿＿＿＿＿＿＿＿＿＿＿＿＿＿＿＿＿＿＿＿＿＿＿＿＿＿＿＿＿

需要注意：忽视人品修养，过分追求其他都是无实质意义的。真正的个人品牌在于我们内在的人品。

参 考 文 献

曹世奎，郑伟峰，2019. 中医药大学生职业发展与就业指导[M]. 北京：中国中医药出版社.

迟云平，陈翔磊，2020. 就业指导[M]. 广州：华南理工大学出版社.

崔爱惠，张志宏，刘轶群，2017. 大学生职涯发展与就业指导实训教程[M]. 北京：现代教育出版社.

付宝森，赵乐发，沙金，2017. 全国体育院校体验式生涯发展规划[M]. 北京：现代教育出版社.

何具海，2019. 大学生职业生涯规划与就业指导[M]. 长春：吉林人民出版社.

李农，2019. 大学生职业生涯规划适应能力研究[M]. 长春：吉林人民出版社.

林燕清，林俊，2020. 大学生就业指导[M]. 北京：北京理工大学出版社.

马建青，等，2021. 大学生心理健康教程［M］. 3 版. 杭州：浙江大学出版社.

毛可斌，李可依，2021. 大学生就业指导[M]. 天津：天津人民出版社.

施佩刁，宋新辉，2020. 大学生职业生涯规划与就业指导[M]. 北京：北京邮电大学出版社.

石洪发，2020. 大学生职业生涯规划[M]. 北京：北京理工大学出版社.

苏文平，等，2020. 职业生涯规划与就业创业指导[M]. 2 版. 北京：中国人民大学出版社.

谢飞，2018. 大学生就业指导与创业教育[M]. 北京：北京理工大学出版社.

叶晓倩，2018. 职业生涯规划与管理[M]. 武汉：武汉大学出版社.